UNSHAKEABLE

Your Financial
Freedom Playbook

不可撼动的财务自由

[美] 托尼 · 罗宾斯
(Tony Robbins)
[美] 彼得 · 默劳克
(Peter Mallouk)
著
·
杨清波
译

中信出版集团 | 北京

图书在版编目（CIP）数据

不可撼动的财务自由 / (美) 托尼 • 罗宾斯, (美)
彼得·默劳克著 ; 杨清波译. -- 北京 : 中信出版社,
2020.5（2022.6 重印）
书名原文: UNSHAKEABLE
ISBN 978-7-5217-1000-7

Ⅰ. ①不… Ⅱ. ①托… ②彼… ③杨… Ⅲ. ①私人投
资—基本知识 Ⅳ. ①F830.59

中国版本图书馆CIP数据核字(2019)第228021号

不可撼动的财务自由

著　　者：[美] 托尼 • 罗宾斯　[美] 彼得 • 默劳克
译　　者：杨清波
出版发行：中信出版集团股份有限公司
（北京市朝阳区惠新东街甲4号富盛大厦2座　邮编　100029）
承 印 者：北京盛通印刷股份有限公司

开　　本：880mm × 1230mm　1/32　　印　　张：9　　字　　数：187千字
版　　次：2020年5月第1版　　印　　次：2022年6月第4次印刷
京权图字：01-2019-3294
书　　号：ISBN 978-7-5217-1000-7
定　　价：59.00元

服务热线：400-600-8099
投稿邮箱：author@citicpub.com

目 录

第三章

隐藏的费用和欺骗性宣传

华尔街的骗术让客户为他们糟糕的业绩多花冤枉钱

第四章

拯救我们的退休储蓄计划

那些退休储蓄计划不想让你知道的事实

第五章

到底应当信任谁？

揭开行业中坑蒙拐骗者的面纱

第二部分
投资实操手册

第六章

投资高手奉行的4个核心原则

能够有效指导投资决定的关键原则

第七章

征服熊市

如何安然度过市场暴跌和市场回调，并加速实现财务自由

第三部分 财富心理

第八章

压制内心的敌人

投资者常犯的6个理财错误以及如何避免犯错

第九章

真正的财富

做出人生中最重要的决定

导读

托尼·罗宾斯带你稳步走向财务自由

托尼·罗宾斯，美国著名演讲培训大师，善于激励人采取行动改变人生。后来罗宾斯进入投资理财行业，采访了 50 多位投资大师，写了一本《钱：7 步创造终身收入》（以下简称《钱》），指出一条 7 步通向财务自由的大道。这本书成了美国投资理财类超级畅销书。不久他又写了这本《不可撼动的财务自由》，这本书可以说是上一本书的简明版和实用版。简明在于其篇幅只有上本书的 1/4，实用在于它会直接告诉你如何做。我把全书总结为一句话：托尼·罗宾斯投资理财三招，带你稳步走向财务自由。我建议先看这本薄书，快速了解罗宾斯投资理财之道的基本思路和主要做法，有兴趣再读《钱》那本厚书，深入了解这些思路和做法背后的原理、心理和哲理，我相信，这样做你会更加坚定不疑。我觉得，托尼·罗宾斯讲投资理财讲得好，主要有三个特点：一是讲得正，将多位投资大师的智慧融会贯通，提炼出一条简明投资之路；第二讲得顺，用外行也听得懂的话来讲很专业的投资方法；第三讲得灵，不但让你容易懂，而且让你一听就愿意去执行，从知道到做到，是最重要的事，也是最困难的事。

这本书讲的投资理财方法，核心就是买基金，做好资产配置。这特别适合中国买基金的基民，也适合中国卖基金的银行理财经理、券商投资顾问、基金公司销售人员，而且这本书中文版出版的时机特别好，赶上了中国投资理财行业最近一波重大改革，即银行、券商、基金公司都在向投资顾问转型，从卖产品转向卖服务，而这本书重点讲的就是，客户如何选择合适的投资顾问：既有专业能力（能帮助客户提高长期投资收益），又值得信任（这些顾问不会为了自己多卖产品多拿佣金，而不管产品对客户合不合适）。我个人相信，这两本书会成为中国基金投资人非常重要的投资参考书，也会成为银行、券商、基金公司的投资理财顾问重要的参考书。

这本书的核心内容可分为三大部分，我概括为托尼·罗宾斯投资三招：

第一，股票投资是通向财务自由的必经之路。

做股票投资，一不要怕跌。从业绩来看，大类资产中股票的长期业绩最好，要想获得财务自由，必须长期投资股票，市场一时大跌是常见的事，但并不会改变长期大幅上涨的趋势。做股票投资，二不要买贵。从费用来看，多数人投资股票主要是通过购买股票基金，长期业绩并不理想，主要因为费用太高。美国很多主动管理型基金业绩不如追踪市场的指数基金，但收取的管理费却高得多。企业投资理财顾问和个人投资理财顾问的工作是帮助客户进行资产配置，他们的长期业绩不佳，费用却很高。要走好股票投资这条通向财务自由的必经之路，既要选择好基金，又要避开高费用。

第二，资产配置再平衡，是通向财务自由的唯一正确道路。

关键是做好股票资产、债券资产、另类资产三个大类资产的合理配置，分散投资，并且一定要定期再平衡。自己不太懂也不要紧，好的投资理财顾问能指导你设定合理的财富积累目标，制定合理的资产配置比例，选择业绩更稳定且费用更低的基金产品；他们还能指导你逐步建仓，按计划进行资产配置，并且帮助你定期进行再平衡。

第三，避开心理误区，是通向财务自由之路的前提和保障。

找到合适的投资顾问，选到合适的股票基金，做了合理的配置，还不足以保证你能够成功实现投资理财目标，因为你还有一个最大的敌人，那就是你自己。我们必须保持稳定的心理和情绪，避开六大心理误区，否则再好的顾问，再好的基金，再好的配置，都没有用。

只用三招，就能唤醒你心中的投资巨人。下面我们结合书中内容具体讲讲托尼·罗宾斯投资这三招。

第一招：股票投资是通向财务自由的必经之路，偶尔下跌不要怕。

为什么股票投资是通向财务自由的必经之路？原因很简单，股票长期收益率最高，比债券高得多，也比房地产投资高很多——有两百多年的统计数据为证，是公认的事实。

可是很多人知道要长期投资股票，却不敢买股票，为什么？因为他们害怕股市会大跌。

但是想要获得股市投资的长期丰厚收益，首先是不要怕下跌。其实股市老手都知道，股市隔一段时间就会出现一次下跌，这很正常，金融市场的冬天总会出现，每年都会有一次下跌，跌幅超过 10%，甚至超过 20%。知道这一点就好办了，我们就可以提前做好准备。跟我们日常生活中的冬天一样，金融市场的冬天必然会来，唯一不同的是，我们能够准确地知道每年冬天什么时候来，但是金融市场的冬天什么时候会来却不确定；而且每次来股价会下跌多少也不确定，下跌持续多久，更不确定。但是可以确定的是，股市平均每年会下跌一两次。同时可以确定的是，股市冬天过去之后，春天就会来临，股市长期来看在波动中是持续上涨的。你只有不畏惧短期下跌，才能坚定投资，才能得到股市长期的高回报。

我们一定要知道，要想获得财务自由，必须获得足够高的投资收益，而要想获得足够高的投资收益，就必须长期投资股市，而要坚持长期投资股市，最怕的是遇到股市下跌。跌幅超过 10% 也好，超过 20% 也好，你一定要认识到，这些短期下跌都不要紧，都是短暂的，长期来看股市是上涨的，其长期平均收益率远远高于你的存款和银行理财产品。所以要想获得财务自由，必须坚定地长期投资股票。

我之所以详细讲这一点，是因为这一点对我们中国股票投资人更加重要。中国股市是新兴市场，波动性比美国股市大得多，跌幅超过 10% 的回调和跌幅超过 20% 的熊市的出现频率也比美国高得多，但是中国股市的长期收益率更高，年化收益率达到 13%，比美国股市的 8% 高出六成。尤其是最近几年一直在 3 000 点以下徘徊，估值与全球各国股市相比也偏低，因而未来的长期前景更加乐观。当然，不可否认，最近 10 年我们的股市整体收益率为零，但是，其实 2008 年金融危机之后，我们有一段时间内的股市涨幅比美国大得多，上证综指在金融危机之后的 2008 年 10 月跌到低点 1 664 点，到 2015 年 6 月上涨到 5 124 点，不到 7 年涨幅超过 200%，和同期美国股市涨幅基本相当。确实，从 2015 年 6 月到现在，中国股市又下跌了有 4 年半之久，这波股市寒冬的持续时间是相当长的。从中国股市的历史来看，每次大熊市之后必有大牛市，熊市持续的时间越长，下一次牛市必会爆发得越猛烈。我还记得我进入证券行业经历的第一个大熊市是 2001 年到 2005 年，当时股市从 2 200 点跌到 998 点，持续 4 年以上，跌幅过半，但是后来两年多就上涨到 6 000 点以上，涨幅超过 5 倍。因此我对未来充满信心，你可以不相信我，但你要相信，很多外资这两年大量进入中国股市。当局者迷，旁观者清。

可是对于大多数股票投资人来说，最主要的投资渠道是股票基金，而大多数基金投资人的长期投资收益率却比股市平均收益率低很多。这种情况有两个原因：一个是外部原因，有 3 个小偷偷走了你的很大一块儿收益；另一个是内部原因，就是你的心理情绪不能保持稳定，你容易陷入投资心理误区，昏招频出，因此少赚了很多。我们后面专门说。

书中所讲，偷走你一大块儿收益的 3 个小偷，就是那些收费相当高，但为你创造的业绩还不如指数基金的基金、企业投资顾问和个人投资顾问。这一部分讲的是美国市场和机构，中美两国市场情况有很大差异，机构情况也有很大差异，这里不再赘述。其核心观点是费用是投资最大的小偷。要想得到财务自由，必须投资股票和基金，但是金融行业里的水太深，很多投资理财顾问其实只想多卖产品多收费，我们必须去找那些真正的独立财务顾问，他们应当真正为你的利益着想，而不是只为自己的利益着想，他们应能为你提供高水准的服务，助你走上投资理财正道，为你争取更好的长期投资收益。

第二招：资产配置再平衡，是通向财务自由的唯一正确投资之路。

投资理财行业有个不成文的规矩：投资理财顾问一定要把产品讲得

十分复杂高深、十分深奥难懂，特别是一定要多讲些专业术语和理论模型，才能显得自己十分专业，才能镇住客户。

我有时会说，金融机构的人有三层包装：第一层是他们穿套装；第二层是他们桌上摆的证书；第三层是他们的语言包装——行话、专业术语、理论模型和复杂图表。

罗宾斯不是金融圈的，是个外行，他也不装自己很专业。他采访了 50 多位投资大师，却只是将他们的经验概括为 4 个原则——简单，易懂，也易行。

第一个原则是避免亏钱。其实这句话出自巴菲特投资的两条铁律：第一,千万不要亏钱；第二,千万不要忘记第一条。道理很简单，你的本金亏掉一半，后面就要赚一倍才能回本。

从哲理上讲，这就是《孙子兵法》决定胜负第一条：善战者，立于不败之地，而不失敌之败也。这是反过来讲，正过来讲：昔之善战者，先为不可胜，以待敌之可胜。不可胜在己，可胜在敌。

在这个行业待了 20 多年，我告诉你一件事，其实很多人不做投资更有钱。这些人都想快速赚很多钱，于是不懂装懂瞎折腾，结果正好相反，他们快速亏掉了很多钱，回头一算，如果不投资，反而钱更多。

如果听了巴菲特的投资铁律，他们先立于不败之地，先确保不会大亏，情况就好多了。但是做投资，未来无法预测，每次都有可能亏钱，怎么能确保整体不会亏钱？请看第二个原则。

第二个原则是风险 – 收益不对称。这个词有些专业，通俗地说就是低风险高收益，更通俗地说，亏只亏很少，赚则赚很多。即使亏了几次，但赚上一次就能带来丰厚的收益。所以投资要避免亏损，投资靠的不是一次大赌定输赢，而是要将赔率设定好，不划算不下注，很划算才出手，多次下来，总体肯定会赢。

关于具体的赔率比例，罗宾斯的客户及好友保罗·都铎·琼斯定的标准是5∶1：最多亏1美元，若赚能赚到5美元。比如你连续投资5次，每次都是投资100万美元，你运气不好，四次都亏了钱，只有一次赚了。但是由于存在风险－收益不对称现象，亏损的幅度只有20%，因此四次累计亏损80万美元，而赚钱幅度是100%，因此一次你就赚了100万美元，5次下来盈亏相抵，你还赚了20万美元。投资中从来没有保证赚钱的事，但确实有少数亏钱空间很小但赚钱空间很大的事。投资高手就是善于寻找这种风险－收益不对称的好事，这样才能保证你亏损的概率很小，而赚钱的概率很大。

第三个原则是合理避税。你账户上赚的钱还不是你能花的钱。缴纳所得税后的净利润才是真正属于你的可以花的投资收益，美国投资收益所缴的资本利得税率很高，美国的税法也很复杂，有国税，有地税。合理合法避税，就是提高税后收益，所以这一点非常重要。很多基金公司的基金产品和银行理财产品大力宣传的产品收益率，对于客户来说，只是其个人纳税前的收益率，并非纳税后的收益率。而且客户收入层级不同，纳税比例差别很大，特别是高净值客户，其税率非常高，所以合理合法避税非常重要。这本书中用的术语是提高税收效率，意思是把你纳的税看成和学费租金等一样的支出。不同投资涉及不同税收规定，越大的投资越复杂，越另类的投资越复杂，需要事前把税项和税率考虑进来。

第四个原则是分散投资。大家最熟悉、最了解但最容易忘记的投资基本原则，就是分散投资。

刚开始还知道要分散投资，赚得多了，自信心强了，就集中投资了。或者亏得多了，想快速翻本，就集中投资了。所以知道它的人多，做到它的人少，长期坚持分散投资的人更少。问题在于，个人的钱，亏掉也就亏掉了，大不了从头再来，但是机构不行，没法向客户交待，没法向股东交待，没法向政府监管部门交待，于是监管部门制定法律法规强制机构分散投资，机构内部制度也强制分散投资，这正是大多数机构活得比个人投资者久也活得更好的最主要原因。个人投资者往往觉得我的钱少，分散投资麻烦，赚钱慢，结果亏得多，亏得快。所以个人投资者要想投资长赢，第一要学分散投资。不是一般的分散，而是完全彻底的分散。一要大类分散：股票、债券、另类资产（包括房地产、私募股权投资、贵金属、商品期货等），都要配置，而且是结合个人情况合理均衡地配置。二要产品分散：每个大类资产之内，还要分散配置不同种类的产品。三要市场分散：同一个种类的产品，还要进一步分散配置到全球不同市场，不能只投资国内市场。举个简单的例子，最近 10 年中国股市零增长，但是美国股市经历了 12 年的超级大牛市，涨到 4 倍以上。四要时间分散：购买同一产品的时间也要分散，不能一次性购买，要分散到几年分期分批购买。

第三招：避开心理误区，是通向财务自由之路的前提和保障。

其实前面两部分讲了投资成功之道的三大原则：投资股票才能获得长期投资高收益，低费用才能得到长期投资高净收益，三类资产平衡配置才能实现低风险和高收益。

简单地说，这本书讲的对于绝大多数业余投资者来说是一条经过约翰·博格和巴菲特等多位大师验证的有效投资之路，其能帮助你稳步实现财务自由：选择合适的投资理财顾问，选择费率低的指数基金，长期投资股票市场，分散投资股票、债券、另类三类资产，根据个人情况平衡配置，并定期再平衡。但是这只是知道，并不代表你能够做到。有个最大的敌人可能会把这一切都搞砸，让你无法顺利走上财务自由之路，这个最大的敌人，不是别人，正是你自己。

人类大脑进化的最大目标是避开风险、确保生存，而这种生存本能往往会导致你在投资方面做出愚蠢的决策。没办法，人类大脑进化长达两百万年，而证券市场只有两百年历史，大脑还很不适应。举个例子，我们人类的本能是一看形势不好，马上就跑，比如远远一看见大黑熊，我们就会立马转身逃跑。所以我们看见股市暴跌，就跟遇见大黑熊一样，会本能地想逃跑。但是正确的做法正好相反。长期事实和理智分析告诉我们，这个时候正是低价买进的好时机。但我们是人，理智管不住情绪。

其实，重要的不是现实，而是我们对现实的看法。投资成功有个二八定律，二成靠方法，八成靠心理。大部分人投资失败不是因为方法不对，而是因为心理控制不住自己，结果该动的时候不动，不该动的时候乱动。

我们怎么说服容易情绪化的人脑，来突破我们的生存本能限制？你得先认识到自己心理上的局限和不足，如果认识不到，你就会有麻烦，我们要知道自己有哪些局限性，提前做好预防，并且在投资过程中不断核查。其中最重要的是反复检查我们最容易陷入的六大心理误区。

第一个误区：太固执，听不进相反的意见。

第二个误区：思维简单化，把短期变化看成长期趋势，这是最常见的危险的投资错误。

第三个误区：过度自信，觉得自己明显优于平均水平。

第四个误区：孤注一掷，梦想快速发大财。

第五个误区：闭关自守，过多投资本土市场。

第六个误区：过度厌恶损失，容易在熊市恐慌性割肉抛售。

如果你意识不到自己容易犯的错误，还一直以为自己总是对的，那我们势必会犯下致命的错误。避开这 6 个心理误区，能让你的长期投资收益率提高一两个百分点，时间长了，收益就不得了了：你的收益会比市场长期收益高出十几倍到几十倍。美国股市过去 53 年的平均收益率为 10%，巴菲特只是平均每年高出 9%，但其 53 年的累计收益率却高出 10 000 倍。这就是复利的神奇力量。

以上三大部分的内容，可以概括为如下三步：第一步，坚定选择长期投资股票这条通向财务自由的必经之路；第二步，找到合适的投资理财顾问指导我们做好资产配置，配置方案应以长期业绩稳定且费率极低的指数基金为主，具体步骤是逐步建仓，达到平衡配置比例，之后定期再平衡；第三步，要努力避免大部分人常见的投资心理误区，坚持走在正确的投资道路上。这三步就是托尼·罗宾斯这本书讲的投资理财三招，它们能让你按照预期的时间目标实现财务自由，如果运气好碰到股市涨得多的时候，你甚至还能提前实现财务自由。恭喜你，这是很多人奋斗一辈子都没能实现的梦想，你却不用花费太多时间、精力就实现了。这就是投资大师智慧的力量！

可是，金钱只是物质财富，而物质财富只能让你财务自由，这只是幸福的两条腿之一，你还必须拥有另一种财富才能获得真正完全的幸福，那就是精神财富。物质财富加精神财富，才能使你从财务自由上升到心灵自由。

这是托尼·罗宾斯的看家本事，他最擅长的就是激励他人采取行动。在励志演讲培训这个行业，托尼·罗宾斯是绝对的超级明星，《唤醒心中的巨人》就是他的成名作。各位一读便知，我就不多说了。希望这本简明的投资小书所讲的投资理财三招，能够唤醒你心中的投资巨人，助你更稳也更早实现财务自由，并尽快走向心灵自由。

刘建位

序　言

这本充满智慧、逻辑清晰的短小精悍之作，出现得太及时了。更难得的是，这本书中深刻的见解和中肯的建议历久弥新、永不过时。投资者，尤其是那些目前尚未进行投资的人，应当细品这本书，并谨记其中的教诲。

我们从未经历过如此长时间的牛市，人们总是会对这种牛市的持续时间持谨慎悲观的态度。股票市场的发展从来不是呈直线形的，而是起伏不定的。自 2009 年以来，股市的每一次下跌都会引发哀鸿遍野，都会对人们造成可怕的重挫。对于投资的厌恶心理所产生的后果就是大量原本应当投资股市的人，尤其是出生在 1982 年至 2000 年之间的“千禧一代”，没有投资股市。托尼·罗宾斯一针见血地指出，对于资产的积累，尤其是涉及退休金的资产积累，如果人们一味采取观望态度，那么他们就会犯下代价高昂的错误，并造成长期影响。

托尼·罗宾斯的这种观点之所以比较可信，是因为他在处理我们对经济前景的普遍焦虑时显得十分坦率——这些焦虑情绪使得 2016 年的总统选举周期令人震惊。罗宾斯也承认，我们最终一定会遭遇真正的熊市。但这种可能出现的情况绝不应当成为人们畏缩不前、袖手旁观的理由。市场中严重的经济衰退的出现是周期性的，但股市的长远发展趋势一直是走高的。只要记住一点：恐惧是投资活动中的头号敌人，那么人们就可以制定策略，就能够战胜市场，就能胜过大多数专业投资经理。

罗宾斯在深思熟虑后告诉我们如何才能掌控我们的投资命运，而不是胆战心惊地在一旁观望，或是面对市场波动显得惊慌失措。股市骤然下跌时应当如何应对？当所有人看到的都是灾难时，你如何发现机会？罗宾斯提出了切合实际的规则，这些规则可以让你避免犯下代价高昂的错误，并且更难得的是，他向人们介绍了可以为未来丰盈的收益打下基础的包括调整资产配置方式在内的具体措施。

投资活动中的“二号”敌人是费用。费用不仅仅来自广告宣传，还来自各种隐性收费。由于复利计算的原因，这些长期支出的费用实际上会让你的储备金大大减少。大家要记住：你的每一美元费用支出都意味着你未来的收益将减少一美元。这就是为什么你必须仔细研究自己的401（k）退休储蓄计划，以弄清楚哪些不当收费可能会像白蚁侵蚀房屋那样吞噬你的收益。指数基金中的不必要收费甚至也能给你造成巨大损失。（至于年金这种常见的投资手段，它会像怪兽哥斯拉大肆破坏城市一样使你损失惨重。）精明的投资者一定会是一个更加富有的投资者。

投资理财行业正经历着巨大的变革，最显著的变革来自美国劳工部（DOL）。这本书可以帮助读者了解这方面的信息。

最后一点，罗宾斯指出，创造财富本身并非我们的终极目的，而是实现生活目标的一个重要方面。这一事实常常被人们忽视。我祖父B.C. 福布斯在大约 100 年前创办了我们的家族企业。他在以他的名字命名的《福布斯》杂志的创刊号中明确指出："经营的目的是创造幸福，而不是堆积财富。"

我们只能希望越来越多的人，尤其是刚刚开始工作的年轻人，能够谨记罗宾斯的投资理念：尝试投资。

罗宾斯说得没错。千禧一代所犯的错误同上一代人在几十年前所犯的错误是一样的——那一代人被经济大萧条导致的灾难吓破了胆。那代人对股票的恐惧是可以理解的：从 1929 年到 1932 年，道琼斯工业平均指数的下跌幅度相当于今天的 17 000 点！这几乎相当于暴跌了 90%。20 世纪 30 年代人们饱受高失业率的折磨煎熬，紧接着又爆发了第二次世界大战。难怪当时大多数美国人都赌咒发誓，从此决不沾染股票。

然而，第二次世界大战之后，美国经济进入高速发展的繁荣时期，股票价格扶摇直上。但遗憾的是，太多美国人选择观望，或者过度投资表面看起来风险较低的安全债券，几乎没有人意识到当时的债务市场正开始步入为期 35 年的熊市。通货膨胀重创了债券市场，投资者损失惨重。这些人错失了过上富足生活的绝佳机会。

因此，大家千万不能忘记影响股市投资成功的两大敌人：恐惧和费用。

这部充满智慧的著作能为托尼 · 罗宾斯带来财富吗？不能，因为这本书的全部收入都将捐赠给慈善机构"赈饥美国"（Feeding America），该机构负责向饥民提供食物。通过这种做法，罗宾斯证明了一个经常被人忽略的基本事实：商业和慈善事业并非截然对立的，而是同一枚硬币的两面。在自由市场中，你只能通过提供其他人需要的产品或服务获得成功，也就是说，只有满足其他人的需要和愿望你才能成功。慈善事业就是在满足其他人的需要。商业与慈善事业这两个领域所需要的技能组合可能并不相同，但其根本目的是相同的。事实上，成功的商业人士通常都会成为成功的慈善家。比尔·盖茨只是众多成功人士中的一个。

托尼·罗宾斯告诉我们，通过创造资源和产品，人们可以获得帮助他人的方法。他的这部著作将成为你的人生宝典，让你也能做到这一点，并且其程度可能超乎你的想象。

史蒂夫·福布斯

福布斯公司首席执行官、《福布斯》杂志发行人

前　言

2016年伊始，每个星期六早晨我都会一边吃早饭一边看《纽约时报》。浏览完头版之后（我会把填字游戏部分单独留出来稍后再看），我就开始关注商业版面。B1版的显要位置刊登的是罗恩·利伯的专栏“你的钱袋子”。该专栏的主要内容是基本的资产管理策略，由6位私人理财专家写在索引卡片上。

罗恩的目的是告诉读者：有效的资产管理不需要过于复杂。他把理财的要点写在一张单独的索引卡片上。这6张索引卡片中的5张涉及的主题都是如何投资个人储蓄，而且每一张都给出了相同的简单建议：投资指数基金。

这一建议正逐渐获得投资者的认可。1975年，我创办了全球第一家指数基金，从那之后我一直为其大唱赞歌。在最初的那些日子里，我没有多少的支持者。但如今，我的支持者团队日益壮大，他们帮助我四处传播有关指数基金的信息。投资者们听得越来越清楚，开始“用脚投票”——换句话说，用他们的资金投票。

从 2007 年年底开始，公募基金[①] 的投资者们对股票指数基金追加了近 1.65 万亿美元的投资，同时从主动管理型公募基金中撤回了 7 500 亿美元的投资。我认为，在过去 9 年中出现的这种涉及 2.4 万亿美元的投资偏好大转折在公募基金行业的历史中是前所未有的。

在过去 7 年时间里，托尼·罗宾斯一直致力于帮助普通投资者从投资中获益，他积极宣传有关指数基金方面的知识，并告诉投资者停止为表现糟糕的主动管理型基金多花冤枉钱。在这一过程中，托尼曾与金融领域中的一些顶级专家进行对话。尽管我不确信自己也属于这些人中的一员，但托尼还是来到我在先锋领航公司的办公室，咨询我关于投资理财的想法。我想告诉大家的是，托尼身上蕴藏着惊人的能量！在与托尼接触了短短几分钟之后，我就完全明白了他为何能够激励全球数百万人。

我们两人在一起聊得非常开心，原本计划 45 分钟的采访结果持续了 4 个小时。此次访谈是我 65 年职业生涯中所进行的有关公募基金行业的最为广泛且深刻的一次访谈。托尼表现得精力充沛、热情洋溢，极具感染力，因此我当时就意识到他的这部新作一定会对投资者产生巨大影响。

但我还是低估了托尼所带来的巨大影响。他第一部关于投资的著作《钱》销量超过 100 万册，占据《纽约时报》商业类畅销书榜首 7 个月之久。如今，他又出版了这本新作。这本书一定会带给读者更多收益。这本书会向读者呈现投资领域一些顶级专家的深刻见解，比如沃伦·巴菲特和耶鲁养老基金经理戴维·斯文森。沃伦和戴维都曾多次指

① 美国人称“共同基金”，国内称为“公募基金”。（同《钱：7 步创造终身收入》翻译。）——编者注

出，指数基金是投资者获得投资成功的最佳途径。这本书将帮助把这一信息传递给更多投资者。

指数基金并不复杂，投资者无须想方设法地把握市场时机，也无须揣摩其他专业投资经理关于个股前景的态度，所要做的就是购买、持有宽基指数基金，比如标准普尔 500 指数基金。指数基金是通过将投资成本削减到最低限度进行运作的，投资者无须向投资经理支付高昂的代理费用，而且交易费用极低，因为这种基金采取的是最基本的“买入并持有”策略。我们无法控制市场表现，但可以控制我们的投资成本。指数基金可以让你以最低的成本进行投资，而且投资组合形式多样，可以分为多个等级。

我们可以这样思考这一问题：所有投资者是一个整体，他们拥有整个市场，因而可以共同分享市场的总收益（去除费用之前的收益）。指数基金可以以最低的成本达到市场整体收益水平：成本低至投资额的 0.05%。指数基金之外的市场参与者非常活跃，投资者和投资经理频繁交易，试图战胜市场。这类基金获取收益的方式与指数基金相类似，但是这些交易的费用极其高昂。基金经理们要求（并收取）高额管理费，而华尔街则从所有疯狂的交易中收取佣金。这些隐藏的费用以及其他隐藏的费用每年累计超过投资额的 2%。

指数基金的投资者得到的收益是市场总收益减去占比仅为 0.05% 的费用（甚至更低）后的收入，而主动型投资者整体来说得到的收益是从市场总收益中减去占比 2% 的费用（甚至更高）后的收入。市场总收益减去投资费用等于投资者的净收益。如果想要理解指数基金投资的优势，这个“费用决定净收益原理”是你必须清楚的。对于终身投资收入来说，这种年度之间的费用差异事实上会积少成多。大部分刚参加工作的年轻人的投资时间会达到甚至超过 60 年。如果在这样长一个时间范围内进行复利计算的话，投资的高额费用可能会侵吞你一生投资收益的 70%，数额之大令人震惊。

这种成本差异实际上只是对众多投资者所蒙受损失的保守估计，尤其对于 403（b）和 401（k）退休储蓄计划的投资者来说更是如此。正如托尼在第三章中所指出的那样，这种额外费用（通常是被大幅隐藏的）占据了你投资基金所产生的收益的极大比例。

很高兴我能为这本书的推广尽自己的绵薄之力，支持托尼为正确的事情发声。我也很激动能与他一起度过一个彼此畅所欲言的愉快下午。能有机会传播指数基金的福音，帮助老实本分、实实在在的人们为了安度晚年或为了子女教育进行储蓄投资，我感到非常荣幸。

托尼的这本书深入浅出地系统介绍了投资风险与收益的历史。成功的投资者必须了解这段历史。即便如此，正如英国诗人塞缪尔·泰勒·柯尔律治所写的那样，历史只不过是“船尾的灯笼，只照在我们身后的波浪上”，而无法照亮我们前进的方向。历史并不一定是未来的序曲。

我们现在生活在一个充满不确定因素的世界中，我们要面对的不仅仅是已知的未知因素带来的风险，还有未知的未知因素带来的风险：那些“我们不知道自己不知道”的风险。尽管存在这些风险，但如果我们有任何机会能够实现我们的长期投资目标，那么我们一定要进行投资，否则我们必定会经济拮据、入不敷出。但是，我们不需要提供 100% 的资金、承担 100% 的风险，结果却只能得到 30% 的回报（很多情况下可能更少）。通过购买费率低的宽基指数基金（并“永远”持有它们），你就能够保证自己可以得到金融市场提供的长期收益中属于自己的合理收益。

约翰·C. 博格

先锋领航集团创始人（该集团管理的资产规模超过5万亿美元）

畅销书《坚守》作者

第一部分

投资
规则手册

第一章

不可撼动的信念

在充满不确定因素的世界中
保持内心的强大与平静

不可撼动的信念：

坚定而无可争议的信心；

对真理矢志不渝的决心；

沉着、平静、临危不乱的内心。

如果你在内心深处知道自己会一直过着富足的生活，那会是一种什么样的感觉？如果你确信无论经济系统、股市或者房地产市场发生什么事情，自己以后的生活都会有经济保障，那会是一种什么样的感觉？如果你知道自己会过上富甲天下的生活，不但能够满足自己家庭的需要，而且还能乐善好施，那会是一种什么样的感觉？

我们所有人都梦想着能够达到这种内心极度平静的境界，都梦想着能够获得这种安逸、独立和自由。简而言之，我们都梦想能够信念坚定。

但是信念坚定的真正含义是什么？

这不仅仅关乎金钱，更是一种心理状态。你一旦能真正做到毫不动摇，就可以临危不乱、信心坚定。这并不是说你不再有烦心之事。我们都会有迷茫的时候，但这种迷茫不能持续太久，任何事情都不应让你心烦意乱。我们不能让恐惧左右自己。如果你的心理平衡被打破，一定要快速找到根源，恢复自己内心的平静。如果其他人心生恐惧，那么你可以镇定自若地利用自己周围的纷乱局面。这种心态能够让你成为领导者，而不是追随者；成为棋手，而不是棋子；成为少数行动者之一，而不是众多空谈者之一。

但问题是，你是否真有可能在面临这种混乱局面时做到信念坚定，还是说这只不过是白日做梦而已。

大家是否还记得2008年金融危机重创全球经济时自己的感受？是否记得当时整个世界看起来要土崩瓦解时笼罩于我们心头的那种恐惧、焦虑和忐忑？当时，股票市场崩盘，我们的401（k）退休储蓄投资有可能受到冲击；房地产市场一败涂地，你的房产价值，或者你关爱的人的房产价值有可能会减损；大型银行像玩具士兵一样纷纷倒下；无数优秀勤劳的人失去了工作。

我现在马上可以告诉大家，我永远不会忘记当时我体验到的自己周围的那种痛苦和恐惧。我看到人们失去了他们一生的积蓄，被迫流离失所，没有钱送他们的子女上大学。我的理发师告诉我，他的理发店濒临倒闭，因为人们甚至连理发的钱都不愿意花了；我的一些亿万富翁客户也心情惶恐地给我打电话，因为他们的现金吃紧，信贷市场被冻结，突然之间他们陷入了丧失全部财产的险境。恐惧像病毒一样四处传播，并开始左右人们的生活，它的影响巨大，无数人忐忑不安。

假如所有不确定性都在 2008 年结束，那真是太好了。你难道不认为如果那样的话，现在的世界已经恢复正常了吗？你不认为全球经济将重回正轨，再次实现强劲增长吗？

但事实却是我们依然生活在一个疯狂的世界中。经过这么多年之后，现在各国央行行长依然在为了恢复经济增长进行艰苦卓绝的战斗，依然在尝试我们在整个全球经济发展史中从没见过的各种激进的经济政策。

你认为我在夸大其词吗？好吧，我们再思考一下这个问题。第一世界国家，比如瑞士、瑞典、德国、丹麦和日本，现在执行的是负利率政策。你知道这样做有多么疯狂吗？金融系统存在的目的就是让你通过借钱给银行来获利，而银行会把钱贷给其他人。但是现在世界上的人们却不得不付款给银行，为的是让它们接收自己辛辛苦苦赚来的血汗钱。《华尔街日报》想弄清楚世界上最后一次经历负收益率是什么时候，于是给一位经济历史学家打电话咨询。你知道这位经济学家是如何回答的吗？在 5 000 年的金融史中，这种负利率现象还是第一次出现。

这就是我们距离正常世界的距离：贷款者因贷款而获得收益，存款者因存款而招致惩罚。在这种颠倒的经济环境中，诸如高品质证券之类的“安全”投资得到的却是如此糟糕的收益，以至于你会在心里掂量是否有人会嘲笑你付出的代价。最近我得知，丰田公司的财务部门发行了一种 3 年期债券，收益率仅为 0.001%。照这种情形计算，投资者需要 69 300 年才能实现投资翻倍！

如果你还在冥思苦想，想要弄清楚所有这一切对未来全球经济意味着什么，那并不奇怪，我们大家都是一样的。霍华德·马克斯是一位具有传奇色彩的投资人，他负责管理的资产将近 1 000 亿美元。他最近告诉我："如果你不感到困惑，你就不明白正在发生什么。"

现在大家弄清楚了一点：我们生活在一个甚至连最优秀的投资大师都承认感到困惑不解的奇特时代。我是在过去一年才对这一现实有了清醒的认识。当时我组织举办了一次自己的白金合作伙伴（Platinum Partner）聚会：这是由朋友和客户组成的一个关系亲密的团体，大家每年聚一次，目的是从顶级的精英那里获得投资理财方面的高明见解。

当时我们已经聆听了 7 位白手起家的亿万富翁的观点，接下来我们要聆听的这个人在过去 20 年中行使的经济权力比任何其他在世的人都要大。加拿大不列颠哥伦比亚省威斯勒市四季酒店一间会议室的讲台上放着两张皮质扶手座椅，我坐在其中一张椅子上。窗外落雪无声。坐在我对面的这个人不是旁人，正是美联储前主席艾伦·格林斯潘。自从 1987 年接受罗纳德·里根总统任命以来，格林斯潘一直担任美联储主席，服务过 4 位总统，直到 2006 年退休。除了他，我们几乎找不到另外一个经验更丰富的内行来为大家答疑解惑，阐明未来经济发展趋势。

当我们历时 2 个小时的谈话接近尾声时，我向这位阅历丰富、曾引领美国经济度过跌宕起伏的 19 年岁月的专家提出了最后一个问题："艾伦，您已经在这个星球上度过了 90 个春秋，也见证了世界经济不可思议的变化，面对目前这种全球大变局以及疯狂的央行政策，假如您依然担任美联储主席，您会采取什么样的行动？"

格林斯潘停顿了一下，然后向前探了探身子说道：“辞职！”

在不确定中找到确定因素

当即便像艾伦·格林斯潘这样的经济领域的偶像级人物都无法理解目前形势并想要放弃时，我们又能有何作为呢？如果连他都无法看清形势，那么你我这样的非专业人士又如何能预测经济走势呢？

如果你感到压力重重、迷惑不解，我是能够理解的。但是，我想告诉你一个好消息：有些人的确找到了答案，一些杰出的金融专家已经找到了在顺境和逆境中的赚钱之道。我用 7 年时间采访了这些投资大师，现在我想跟大家分享他们的答案、深刻见解和秘密，这样我们就能够明白如何在不确定时期脱颖而出、赢利赚钱。

我想告诉大家的是：我从这些投资大师那里学到的最重要的经验之一，就是无须预测未来就可以赢得投资游戏。请诸位谨记这一教诲，因为它确实很重要，非常重要。

你所需要做的就是专注于自己能够掌控的事物，而不是自己无法控制的事物。你无法控制经济走势，无法控制股市涨跌。但这无关紧要！投资游戏的赢家都明白自己无法掌控未来。他们知道自己的预测会经常出错，因为这个世界过于复杂、瞬息万变，任何人都无法预测未来。但是，正如大家将在随后章节中看到的那样，投资游戏的赢家一心关注的是他们能够控制的事物，如此一来，无论经济或金融市场如何变化，他们都能够一帆风顺、兴旺发达。在这些大师的投资理念的帮助下，你也可以一帆风顺、兴旺发达。

控制你所能掌控的事物，这就是解决问题的手段。这本书将明确地告诉你如何去做。尤其重要的是，读完这本书之后，你将收获战略性计划，这个计划能够为你提供各种手段，帮助你赢得投资游戏。

我们都清楚，单凭美好的想象、自欺欺人，或者积极思维，又或者是把国外名车的照片张贴在我们的愿景板上，我们是不会变得信念坚定、毫不动摇的。这些做法不足以让人信服。我们需要的是深刻的见解，我们需要的是手段、技术、专业知识以及具体的战略。这些东西能够让我们实现真正长久的富足生活。**我们需要掌握金融投资游戏的规则，需要明白都有哪些游戏玩家，他们的目标是什么，我们在哪些方面可能遭受损失以及我们如何能够赢得游戏。了解这些方面的知识能够释放你的手脚，让你自由行事。**

这本小书的一个大目标是向大家介绍这些基本知识，为大家提供一部完整的成功投资手册，这样你和你的家庭就不会再生活在恐惧和不安之中，而可以以真正平和的心态享受生活。

很多人在投资中只是浅尝辄止，并为此付出了高昂的代价。这并非因为他们不在乎，而是因为他们深陷日常生活的各种压力之中，无暇顾及；而且，他们也缺乏投资领域中的专业知识。因此，对于他们来说投资看起来令人望而生畏，他们因而感到迷惘、不知所措。没有人愿意把精力花费在让自己没有成就感、超出自己能力范围的事物上。如果人们被迫做出投资决定，那么他们常常会在做决定时带着恐惧心理——带着恐惧心理做出的任何决定都很有可能是错误的。

但是我想做的是担任你的投资顾问，引导你、帮助你投资，如此你就能够制订一份行动计划，让自己从现在的状态转向你理想中的状态。

或许你出生于婴儿潮时代（1946—1964），担心自己起步太晚，因而无法获得财务安全；或许你是千禧一代，觉得自己“债台高筑，一辈子也无法翻身”；或许你是一个老练的投资高手，正在寻觅优质投资项目，好留下大笔遗产，惠及子孙后代。无论你是哪种人，无论你现在的生活处于哪个阶段，在此我想告诉你的是：办法总是有的！

如果你保证能同我一起看完这本书，我也保证你能得到实现目标所需要的知识和方法。一旦你参透了这些信息并把自己的计划付诸实践，那么每年你可能只需花费一两个小时就可以实现自己的财务目标了。

这是生活中所需要付出的，但是如果你真正理解并掌握了本书中的深刻思想，其回报是极为丰厚的。当你了解了左右投资领域的规则后，你会感到自己比以往强大和自信得多，如果你掌握了这方面的知识，并精通投资之道，那么你就能够根据自己的准确理解做出明智的投资决策。投资决策是一种终极力量，因为决策往往能够决定命运。读完这本小书之后你所能做出的决策会带给你全新层面的平静心态、满足感、舒适感和财务自由。而所有这些，大多数人只能可望而不可即。我知道这听起来有些夸张，但最终你会发现其实这并非夸大其词。

投资大师们的信念

我一生的理想是帮助人们创造他们梦想中的生活，最大的乐趣是告诉他们如何从贫穷变得富有。看到别人受苦是我无法忍受的，因为我深知那种痛苦的感受。我从小家中就一贫如洗，前后有过 4 位父亲，而我的母亲还是一个酒鬼。我经常饿着肚子上床睡觉，而且还不知道第二天是否有东西吃。一家人穷困潦倒，我的 T 恤衫都是在旧货商店买的，25 美分一件。上高中时穿的李维斯牛仔裤比我的腿短了整整 4 英寸①。为了养活自己，我在两家银行做过午夜门卫，下班后坐公交车回家，睡上四五个小时，然后每天早晨再强打精神回学校上课。

今天，我有幸获得了经济上的成功。但是我现在想告诉你的是，我永远也不会忘记生活在对未来无休止的焦虑担忧之中的那种情形。在那些日子里，我为环境所困，内心惶恐不安。因此当我看到 2008—2009 年金融危机期间人们的遭遇时，我根本无法对他们置之不理。

让我愤怒抓狂的是，大部分的经济混乱是由华尔街一小撮居心不良者肆无忌惮的行为造成的，然而似乎没有哪一个位高权重的人为这些痛苦的结果付出任何代价，没有人为此坐牢，没有人解决让经济变得如此脆弱的一系列问题，似乎也没有人关心在这场金融危机中损失惨重的普通民众。我看到这些无辜的人每天都在被利用、被伤害，对此我已经忍无可忍。

这促使我开始进行研究，我希望能找到办法，帮助人们掌控他们的投资理财活动，永远不要再沦为他们不谙其道的投资游戏的被动受害者。我有一个重要优势：私下里可以接触到许多投资领域的优秀人物。这得益于我曾指导过史上最优秀的操盘手之一保罗·都铎·琼斯。保罗是一位杰出的慈善家、睿智的思想家，也是我的一位密友。他帮助我打开了许多方便之门。

在 7 年多的时间里，我采访了 50 多位投资大师。这些人的名字对于你来说或许毫无意义，但在金融界，他们可都是明星级人物，名字都

① 1 英寸 =2.54 厘米。——编者注

如雷贯耳，影响力堪比勒布朗·詹姆斯、罗伯特·德尼罗、Jay–Z（肖恩·科里·卡特）以及碧昂丝。

最终同我分享他们深刻见解的那份传奇名单中包括，史上最成功的对冲基金经理瑞·达利欧；先锋领航集团创始人、受人尊敬的“指数基金之父”约翰·博格；在摩根大通资产管理公司管理 2.4 万亿美元的玛丽·卡拉汉·厄道斯；亿万富翁石油大亨布恩·皮肯斯；美国最令人敬畏的“激进主义”投资者卡尔·伊坎；利用自己的投资魔法把耶鲁变成世界上最富有的大学之一的戴维·斯文森；仅 2010 年一年就赚得 49 亿美元的对冲基金经理约翰·保尔森；有史以来最名声显赫的投资人沃伦·巴菲特。

如果你不熟悉这些名字，那也不足为奇。除非你从事金融工作，否则你可能更熟悉的是自己喜爱的橄榄球队的表现或者自己 Net–A–Porter 网络购物车里面的商品。但是你肯定也希望将这些金融大咖列入自己的合作伙伴之列，因为他们能够彻底改变你的生活。

有关此次研究的所有内容最后都收录在我那部近 70 万字的《钱》中。让我欣慰的是，那本书一飞冲天，问鼎《纽约时报》商业类畅销书榜单，自 2014 年出版以来销量突破 100 万册，还受到了金融精英们的特别青睐。卡尔·伊坎是一个很难被打动的人。他评价道：“每一位投资者都会觉得这本书非常有趣，堪称醍醐灌顶之作。”约翰·博格这样写道：“这本书给人以启发，能够让你进一步理解如何掌控投资游戏，并且从长远来看，可以让你获得财务自由。”史蒂夫·福布斯的评价是：“倘若投资类著作中有普利策奖，那么这本书一定会获奖，可以说是毫无疑问。”

我个人倾向于认为这些溢美之词证明了我的文学才华！但是《钱》的成功体现了这些金融大咖的慷慨无私：他们与我促膝长谈，分享自己的见解。无论是谁，只要拿出时间仔细研究并利用这些专家跟我讲的那些知识，就一定会获得丰厚的收益，并受益终身。

既然如此，我为什么还要不辞辛苦地撰写第二部关于如何实现投资梦想的著作？说实话，与著书立说相比，我还有许多更轻松愉悦的方法可以打发时光。比如，我可以在黑市上出售自己的器官。但是，我的目标是赠读者以玫瑰，增强大家掌控投资游戏的能力，同时我也想改变众多遭人遗忘、生活窘迫者的生活。

我已经把《钱》那本书的全部收入捐了出去，而你现在正在阅读的这本书的收入将通过我与美国最成功的赈济慈善机构“赈饥美国”的合作，为饥民提供免费食物。到目前为止，通过这两部著作以及我在过去两年时间里的其他个人捐助，我们为有需要的家庭提供了 2.5 亿次免费膳食。在未来的 8 年时间里，我计划将这个数字提高到 10 亿。如果你购买了本书，那么你就为这一善举做出了贡献，谢谢！在此还恳请诸位为你的朋友和家人购买此书。

除上面提到的这一使命之外，我还有另外 3 个比较迫切的理由。第一，我希望通过撰写一本你可以在几个晚上或一个周末就能够读完的小书影响尽可能多的人。如果你想了解更多内容，我希望你去读《钱》，但如果那本大部头的书让你望而却步，我也能够理解。**本书旨在作为一本简明指南，向你展示改变自己投资活动所需的全部基本知识和策略。**

在阅读这本通俗易懂的小书的过程中，我希望你不但能够掌握其中的内容，而且可以根据这些内容采取行动。人们经常说知识就是力量，但事实上知识只不过是潜在的力量。我们都清楚，如果不付诸行动，知识就没有用处。本书给你提供了一个蕴含力量的行动计划，你可以立即执行，因为任何时候，行动都胜过知识本身。

第二个理由是，我发现目前自己周围遍布恐惧情绪。如果我们内心充满恐惧，那么我们又如何能够做出睿智、理性的投资决策呢？即使你知道应当做什么，但恐惧会束缚你的手脚。我担心的是，你如果心存恐惧，就可能会做出错误的选择，并伤害自己和家庭，而这一切在我看来都是完全可以避免的。本书将循序渐进，使你逐步摆脱这种恐惧。

为冬天做好准备

在写下这段文字的时候，股票市场已经连续上涨了 7 年半，这成为美国历史上时间第二长的牛市。人们普遍感觉股市应该到了下跌的时候了，涨得再高也一定会跌下来，股市的冬天正在逼近。在各位读到这里的时候，股市或许已经下跌了。但是，事实上没有人，我再强调一次，没有人能永远准确地预测金融市场的走势——我们将在下一章讨论这一问题。我说的这些失败的预测者包括那些在电视上夸夸其谈的专家学者、身着条纹西装的华尔街经济学家，以及所有收入颇丰的“神药”供应商。

我们都清楚股市的冬天正在临近，股票市场会再度下跌。但是没有人知道冬天何时到来，也没有人知道这个冬天会有多冷。这是否意味着我们对此无能为力？实际情况根本不是这个样子的。**本书会告诉你金融行业的大师们是如何做好准备的——他们如何通过预期冬天的来临获利，而不仅仅是对其做出反应。如此，你就能够从会对那些没有准备的人造成损失的事物中获益**。你可以问自己这样几个问题：当暴风雪来临时，你是希望自己被困户外，在寒风中冻僵，还是希望自己包裹得严严实实地坐在温暖的壁炉旁烤棉花糖呢？

我给大家举一个近些年发生的事例，以说明提前准备有多么重要。2016 年 1 月，股票市场突然暴跌，在短短几天时间里，2.3 万亿美元化为乌有。对于投资者来说，这是历史上开年最糟糕的 10 天。世人震惊不已，都认为股市大地震最终还是到来了！但是，史上最成功的对冲基金经理瑞·达利欧却干了一件极为重要的事情：在《钱》一书中，他与我分享了一套独特的全天候投资策略。

在此次股票市场暴跌的中期，达利欧正在瑞士的达沃斯。全球的精英每年都会在此开会讨论世界局势。达利欧上了电视，他背对着冰雪覆盖的高山向人们介绍如何保护自己免受此次令人恐怖的股市动荡的冲击。他给出的建议是什么？他建议人们读一读我的那本《钱》。他解释道：“托尼·罗宾斯以一个业外人士的视角为我们提供了一些颇有见地的投资建议。”

如果你听从了达利欧的建议，了解了我在《钱》中介绍的全天候投资策略，那么结果会怎么样？当标准普尔（S&P）500 股票指数在 2016 年年初几天内下跌 10% 的时候，你实际上可能还会小幅赢利（差一点儿达到 1%）。这种投资组合并不适合作为通用投资手段，也无法成为最赚钱的投资手段，但其能为那些无法忍受投资市场变化无常的人提供一个较为平稳的组合，其中股票的比例更高（同时也能带来更高收益）。

但是真正神奇之处在于，这种全天候投资策略在过去 75 年中 85% 的时间里都是赚钱的。这就是掌握正确投资策略的力量，而这一策略直接来源于世界上最杰出的投资人之一。

避开投资市场中的鲨鱼

第三个原因是我想告诉你如何避免被投资市场中的鲨鱼吞噬。实现投资成功的最大障碍之一是难于判断谁能够信任、谁不能信任——后面我们还将讨论这一点。

在金融领域中活跃着大批神奇的投资者——有些人总会记得他们妈妈的生日，有些人喜欢狗，有些人非常讲究个人卫生，但是他们却不一定在乎你的最大利益。你认为的那些能够提供公正投资“建议”的人当中，大部分人其实都是经纪人，尽管他们更喜欢使用其他头衔。他们通过推销产品——无论是股票、证券、公募基金、退休金账户、保险，还是其他任何能为他们前往巴哈马度假买单的产品——获得高额佣金。大家很快就会了解，只有极少数投资顾问会把你的最大化利益置于其个人利益之上，并在法律的框架内行事。

在写完《钱》这本书之后，我再次发现人们是多么容易被华尔街欺骗。彼得·默劳克是一位我非常敬重的注册理财规划师兼代理人。他特意同我见了一次面，和我分享了他私密的一些重要信息。投资杂志《巴隆周刊》分别将彼得和他的创意财富公司，评为美国 2013 年、2014 年和 2015 年排名第一的独立投资顾问和公司。《福布斯》杂志将他评选为美国 2016 年最佳投资顾问（根据最近 10 年的业绩评选而出）。美国全国广播公司财经频道将创意财富公司列为美国 2014 年和 2015 年首屈一指的财富管理公司。因此，当像彼得这样专业知识丰富、声名显赫的人主动联系我的时候，我知道自己一定会从他那里得到极具价值的信息。

彼得特意从自己位于堪萨斯的家中飞到洛杉矶与我见面，当时我正在那里举办一次“释放内在潜能”的活动。正是在这次会面中，彼得抛出了一颗重磅炸弹：他告诉我一些所谓的“投资顾问”尽管标榜自己是坦率正直的人，但实际上却在利用法律的灰色地带销售理财产品，为自己牟利。这些人声称自己是信托人：为数不多的有义务把自己客户的利益放在首位的投资顾问。但实际上，他们都是些寡廉鲜耻的推销员，通过不正当手段敛财。本书将提供你所需的全部信息，保护你免受那些披着羊皮的狼的侵害。同样重要的是，我们还将为你提供不同方法和标准，帮助你发现那些诚实可靠、不会带来纠纷的投资顾问。他们会非常在乎你的利益最大化。

那次会面为我同彼得之间亲密的友谊打下了基础，也使他成了本书的共同作者。再没有比他知识更渊博、为人更诚实、说话更坦率的投资导师了。他总是实话实说，并且知道问题的症结在哪里。

彼得的公司是家管理着 220 亿美元资产的独一无二的公司。许多亿万富翁都有所谓的家族理财办公室：它由一个内部团队组成，主要在各方面为富翁们提供高明的建议，内容涉及投资、保险、退税服务以及资产规划等。彼得也向资产达到 50 万美元及以上的客户提供同样水准的综合服务，这些客户包括医生、牙医、律师和小企业主等。这些人是美国经济的推动力量，因而彼得认为他们应当得到与富豪们同样的照顾与关怀。

彼得在创建家族理财办公室方面的远见卓识深深打动了我，因此我也加入了创意财富公司董事会，成为该公司投资者心理主管，并且雇用公司管理我自己的投资和理财计划。之后我找到彼得，提出了一个更大胆的想法：他是否愿意开一家分公司，向那些总资产仅为 10 万美元、刚刚开始投资理财的客户提供同样类型的综合服务？彼得同我一样，也一直致力于帮助尽可能多的人，所以他真的同意了。

我很高兴地告诉你，如果你有 10 万美元或者更多投资资金，他的公司可以对你目前的投资组合提供免费评估，并针对你的理财目标给出具体反馈意见。你当然可以选择独自理财，但如果你认为从这家美国顶级咨询公司得到反馈意见更有帮助，那么欢迎你联系创意财富公司，公司的网址是 www.getasecondopinion.com。

未来之路

在做进一步探讨前，我想快速地向你展示接下来的路线图，这样你就可以发现本书随后的章节会对你有哪些帮助。本书分为三个部分。第一部分是财富与成功投资的规则手册。为什么本书以规则手册开篇？因为你如果不了解游戏规则，谈何赢得游戏呢？

让我们很多人畏缩不前的原因是，我们觉得投资市场纷乱无序、无从下手。金融世界看起来似乎确实相当复杂。目前世界上可以选择的股票有 40 000 多只，其中包括美国股票交易市场中的 3 700 只。截至 2015 年年底，仅美国一个国家就有 9 500 多种公募基金。这意味着美国的基金数量远远超过股票数量。这有多么不可思议！再加上将近 1 600 种交易所交易基金，你面对的投资选择非常多，你有可能会开始感到头晕眼花。你能否想象一下自己站在冰激凌柜台前，不得不从 50 000 种不同口味中做选择的那种情形？

我们需要一些系统的规则，这样我们才能理清混乱的局面。你在第三章中将会发现，最简单但最重要的一条规则是：费用至关重要。

大多数公募基金都是主动管理型的，也就是说管理这些基金的人都希望能够在最佳时机选择最有利的投资产品。他们的目标是战胜市场。比如，他们希望自己的业绩能超过无人托管的龙头股，比如标准普尔 500 指数——这只是全球特定市场中众多不同指数中的一种。但二者之间的差别在于，管理主动管理型公募基金的公司收取高额的服务费。这听起来相当合理，对不对？

问题是，大部分基金公司在收取高额费用时毫不含糊，但在帮助你成功投资时却做得一塌糊涂。某项研究表明，96% 的公募基金公司在 15 年的时间里都没有能够战胜市场。[①] 结果如何？投资者为这些公司糟糕的业绩花了大量冤枉钱。这就好比你花钱买了一辆法拉利，结果你在从经销商那里开回家的路上发现开的是一辆破旧不堪、沾满泥巴的拖拉机。

更糟糕的是，随着时间推移，这些费用急剧增加。你如果一年多支

① 业界巨头、锐联资产管理公司 (Research Affiliates) 创始人罗伯特 · 阿诺特研究了全部 203 种主动管理型公募基金 15 年中的业绩，研究对象管理的资本至少为 1 亿美元。

付 1%，你 10 年的退休金收入很快就会花完。[①] 一旦我们告诉你如何避免那些收费多且表现不佳的基金，你就能够轻松省下相当于自己工作 20 年收入的巨额费用。

对冲基金、公募基金与指数基金的区别

对于那些不熟悉基金的人来说，可以这样理解：对冲基金是一种私募基金，只有高净值投资者才能购买，基金经理们拥有完全自主权，可以根据市场走势（上涨或下跌）下注，他们收取高额管理费用（通常是 2%）并分享利润（通常会有 20% 的利润进入基金经理们的腰包）；公募基金是一种公开募集的基金，任何人都能购买，在大多数情况下，公募基金由管理团队进行主动管理，管理团队会打造一个由股票、债券或者其他资产组成的投资组合，并不断地进行交易，以战胜市场；指数基金也是一种公开募集的基金，但不需要基金经理主动管理，只是持有该指数中的所有成分股（比如，它们会持有标准普尔 500 指数中的全部 500 只成分股）。

即便这是你从本书第一部分所学到的全部内容，也足以改变你的未来了。但本书其实还有更多内容。正如之前提到过的，我还将告诉你如何避开那些向你提供有利于他们自己的投资建议、危害你财务安全的销售人员，告诉你如何找到经验丰富、没有利益冲突的投资顾问。正如那句俗语所说的：“当有钱人遇到有经验的人，有经验的人最终会变得有钱，

① 这里假设有两个投资者，一开始他们的投资额都是 10 万美元，30 年里的收益率相同，都是 8%，但费用分别是 1% 和 2%。假设退休时提取的金额相等，支付 2% 费用的投资者很快就会领完 10 年的退休金。

而有钱人最终会得到经验。”我们将告诉你如何玩转这个游戏，永远不再上当受骗。

本书的第二部分是关于金融投资理财的实操手册。这部分内容将明确告诉你如何去做，这样你就能够立即实施自己的行动计划。最重要的是，你将掌握核心四点：一系列简单有效的原则，这些原则来自我对世界上最杰出的50多位投资人的采访。尽管这些人赚钱的方法各不相同，但我发现他们都遵循这些基本的决策原则。我发现核心四点改变了我自己的投资生活，因此乐于将这些知识与你分享。

接下来，你还将了解如何“杀死熊市”。换句话说，如何打造多样化的投资组合，这样，当熊市最终来临时你自己的储备金不会遭受损失。事实上，你将学会如何从恐惧与混乱创造的机会中获得丰厚收益。大多数人没有意识到，投资成功实际上主要依赖于合理的资产配置——准确把握被投在不同资产类型中资金的数量，比如股票、债券、房地产、黄金以及现金流等。值得庆幸的是，你将从投资大师瑞·达利欧、戴维·斯文森以及我们的朋友彼得·默劳克那里学会这种做法。

如果你对投资已经有所了解，或许你会这样想（就像一位财经记者最近问我的那样）：“投资难道不是简单的买入、持有指数基金吗？”怎么说好呢，达利欧、斯文森、沃伦·巴菲特以及约翰·博格都曾经告诉我，投资指数基金对于普通投资者来说是最明智的投资策略。[①] 为什么这样说？原因之一在于设立指数基金的初衷就是与市场收益相匹配。除非你是像巴菲特或达利欧那样的投资巨星，否则你最好还是凭借市场收

---

① 根据金融网站 Investopedia 的说法：“主动管理型基金经理人依靠分析性研究、预测以及他们进行投资决策时自己的判断和经验来决定购买、持有和卖出哪些证券。主动管理的对立面被称作被动管理，也就是人们更熟知的‘指数基金投资’。”

益来获取利润，而不是试图战胜市场——几乎可以肯定的是，最终你会以失败收场。而且更有利的是，指数基金的费用极低，从长远来看这可以为你省下一大笔钱。

我希望投资确实像上面所说的那样简单。作为长期研究人类行为的学者，我想告诉你的是：大部分人都发现其实要想在市场陷入混乱时仍能稳坐钓鱼台、任凭风浪起，是很困难的。那时，人们往往不再会考虑买入和持有基金。如果你能像巴菲特或博格那样具有钢铁般的意志，那就太棒了。但如果你想要了解大部分人在重压之下的表现，只需看一下金融行业首屈一指的市场研究公司 Dalbar 所做的一项研究。

Dalbar 揭示了市场收益和人们实际获得的收益之间的巨大差异。例如，标准普尔 500 指数在 1985 年至 2015 年的年平均收益率是 10.28%。据此计算，每隔 7 年你的投资就会翻倍。由于复利计算的作用，你只要在这 30 年间持有一个标准普尔 500 指数基金就能够大赚一笔。假设你在 1985 年投资了 5 万美元，那么到了 2015 年其价值是多少呢？答案是 941 613.61 美元。没错，你的收益将近 100 万美元！

但是，尽管年平均市场收益率是 10.28%，Dalbar 却发现在过去 30 年里普通投资者每年只赚了 3.66%。据此计算，每 20 年你的资金才能翻上一番。最终结果如何？你得到的不是百万美元的收益，而是区区 146 966 美元。

如何解释这种巨大的绩效差距？从某种程度上说，正是我们在第三章中要讨论的高额管理费用、离谱的经纪人佣金以及其他隐藏的费用造成了这种灾难性后果。这些费用导致你的收益不断流失——类似于吸血鬼每天晚上在你熟睡时吮吸你的血液。

但还有另外一个罪魁祸首：人性。我们都知道，人是感性动物，生来就会在某些情绪的影响下做出疯狂的举动，比如恐惧和贪婪。正如普林斯顿大学传奇经济学家伯顿·麦基尔曾经对我说的那样："情绪会控制我们，而我们作为投资者常常会做出一些非常愚蠢的事情。"比如，麦基尔说，"我们常常会在十分不恰当的时机买入、卖出"。你可能认识一些这样的人，他们在牛市期间得意忘形、失去理智，拿着自己输不起的钱冒险投资，不计后果。你也可能认识一些这样的人，他们受到惊吓，2008 年卖掉了全部股票，结果在 2009 年市场反弹时错失了巨额收益。

在将近 40 年的时间里，我一直在讲授财富心理学。因此，在本书的第三部分，我将告诉你如何调整自己的行为，避免因情绪影响而犯下常见的错误。为什么这一点如此重要？因为除非你学会了"平息内心的敌人"，否则你将无法利用本书中的制胜策略。

接下来，我们将一起回答所有至关重要的问题：你追求的目标究竟是什么？你如何实现自己渴望的最高层次的幸福生活？**你追求的是金钱，还是你认为金钱能够带给你的那种感受？**我们许多人都认为或者幻想，金钱能让我们达到这样一个层次：我们最终会感到自由、安全、兴奋、强大、活跃和幸福。但事实上，你马上就能够达到这一美妙的状态，这无关你的物质财富的数量。既然如此，你为何还要舍近求远、等待幸福呢？

最后，在本书附录部分，我提供了一份宝贵的路线图，你可以同自己的投资顾问和代理人一起使用它。这 4 份清单会指导你保护自己的资产，创造留给子孙后代的财富，免受未知因素带来的损失；并且，你还会发现更多节税窍门。

蛇与绳子

首先我想告诉你的是接下来这一章的内容，因为我相信它一定会改变你的投资生活。事实上，即使你只读了第二章，而忽略了本书其他章节的内容，你也会步入理财正轨，收获惊人的回报。

我前面提到过，对于大多数人来说，当今时代充满了极大的不确定性。经过这么多年后，全球经济依然在缓慢艰难地向前发展。中产阶级的收入几十年来停滞不前。技术发展对众多行业产生了颠覆性影响，我们根本不知道未来哪些工作能保留下来。目前，人们产生了一种烦躁不安的情绪，认为经过多年牛市之后，熊市早就该来到了。我不知道你是什么感觉，但所有这些不确定因素正让越来越多的人心生恐惧——这种恐惧阻止他们投资金融市场，因而无法创造财富，也无法成为财富的长期所有者。

第二章就是要化解这种恐惧。我将告诉你 7 个具体事实，转变你对投资市场运作方式的认识，转变你对经济因素和情绪因素的理解。你会发现，市场修正和崩溃的发生非常有规律，但从未持续太久。高明的投资者对市场剧烈涨跌这种震荡变化是有准备的，并且会从中获益。你一旦理解了这些模式，就能够毫无畏惧地采取行动。这并非因为你拒绝接受现实，而是因为你深谙其道、头脑清晰，能够做出明智的决定。

股票市场中的起伏动荡比我恋爱中的可少多了。

这让我想起了一个古老的故事——你可能也记得这个故事。一天晚上，有个和尚走在回家的乡间小路上，突然发现一条毒蛇挡住去路。惊慌失措之下，他朝着相反的方向撒腿就跑，逃命去了。第二天早晨，他又来到了令人心悸的恐怖现场。但这一次，在阳光底下，他发现挡住自己去路的那条盘绕在地上的毒蛇只不过是一截绳子而已。

第二章将告诉你，你自己的焦虑不安实际上也是没有事实根据的——你惧怕的那条蛇实际上不过是一根绳子而已。为什么这一点如此重要？**这是因为你无法赢得投资游戏，除非你心理强大，投身其中，并且长期坚持。**你一旦意识到没有毒蛇挡你的路，就能够镇定自若、信心百倍地踏上通往财务自由的道路。

你准备好了吗？我们出发吧！

移动应用程序与播客节目

另外一些资源也可以加速你的投资理财进程。首先，我们开发了一款手机应用程序，其中包含了视频、策划工具以及一个个性化的计算器，这些可以帮助你发现为了实现不同层次的财务安全和财务自由，你需要积累多少财富。其次是本书的播客节目。我和彼得·默劳克围绕本书中的核心内容录制了一系列简明扼要的对话视频。

具体信息，请登录 www.unshakeable.com

第 二 章

金融市场的冬天究竟何时会来？

7个财务自由事实把你从对市场修正和崩溃的恐惧中解放出来

在股票市场赚钱的关键是不要被吓倒。

——曾创下29%年收益率的富达集团著名基金经理彼得 · 林奇

力量是塑造和影响生活环境的能力，是创造非凡人生的动力，力量从何而来？是什么让人变得强大？是什么激发出你在生活中的力量？

人类在依靠打猎捕鱼和采集果实为生时是没有力量的，因为人类当时完全受大自然的摆布。每当冒险到野外打猎捕食时，人类随时都有可能被凶猛的野兽撕成碎片或者被恶劣的天气吞噬。食物并不总是那么容易就能够得到的。但是慢慢地，经过数千年的进化，人类掌握了一种宝贵的技能：我们学会了识别并利用各种模式。

最重要的是，我们注意到了四季更替的模式，并学会利用这一模式适时耕种。这种技能让我们从匮乏走向富足——我们逐渐建立了社会，并最终建立了城市、创造了文明。可以毫不夸张地说，人类识别模式的能力改变了历史的进程。

在这一过程中，我们还得到了一个非常重要的教训：在错误的时间做正确的事情不会带给我们回报。如果你在冬季耕种，那么你除了痛苦肯定别无所获，无论你多么勤劳努力。要想生存和发展，我们必须在合适的时间做合适的事情。

人类识别模式的能力也是让我们赚钱发家的首要能力。你一旦能够识别金融市场中的各种模式，就可以适应它们、利用它们，并从中获利。本章将赋予大家这种能力。

> 大多数投资者都没有充分利用复利计算——增长的倍数乘以增长——的神奇力量。
>
> ——伯顿·麦基尔

在深入了解本章内容之前，让我们拿出 2 分钟的时间讨论一个基本概念。我敢肯定你已经知道这个概念，但为了能够创造持久的财富，我们需要最大化地利用它。

我们需要识别的第一种模式是，一种所有人都可以利用的、神奇而强大的、可以积累巨大财富的模式——沃伦·巴菲特利用这一模式积累了目前 650 亿美元的财富。他的秘诀是什么？巴菲特说这很简单："我的财富来自三者的结合——生于美国、某些幸运的基因以及复利。"

我无法保证你的基因质量，尽管我猜肯定差不了！我真正敢肯定的是复利计算是一种能让你快速实现财务自由的力量。当然，我们都对复利计算有所了解，但还是有必要提醒自己：如果我们能真正明白如何让其为我所用，那么它的影响是相当深远的。事实上，我们如果能够识别、利用复利计算的力量，就可以改变我们的生活。这就相当于我们的祖先发现了他们可以通过适时耕种获得大丰收一样。

我们采用一个简单但令人震惊的例子来说明复利计算产生的巨大影响。乔和鲍勃这两个好朋友决定每月投资 300 美元。乔从 19 岁时开始，一直持续了 8 年，到 27 岁时停止投资。全部加起来，他一共存了 28 800 美元。

乔每年的投资收益率为 10%（这大致相当于美国股票市场在 20 世纪的平均年复合收益率）。到 65 岁退休时，他有多少钱？答案是 1 863 287 美元。换句话说，当初 28 800 美元的投资，看起来并不起眼，却几乎增长到了 200 万美元。这的确令人震惊，对不对？

他的朋友鲍勃则起步较晚。他刚开始投资时也是每个月 300 美元，但他 27 岁才开始投资。不过他自制力很强，坚持每月投资 300 美元，一直到 65 岁结束——投资时间长达 39 年。他每年的投资收益率也是 10%。结果如何？到 65 岁退休时，他的积蓄为 1 589 733 美元。

我们思考一下这种情况。鲍勃一共投资了 14 万美元，几乎是乔投资的 28 800 美元的 5 倍，然而乔最后的收益却多出了 273 544 美元。没错，最后乔比鲍勃更有钱，尽管他从 27 岁以后再没投过一分钱。

什么原因让乔获得了如此不可思议的投资成功呢？很简单，他动手较早，因此他从投资本金上获得的复利利息给他账户带来的收益多于他自己主动增加的投资本金。等到他 53 岁的时候，他账户上的复利每年增加超过 6 万美元；等到他 60 岁的时候，他的账户每年增长超过 10 万美元。而这一切都无须他再多投入 1 分钱。鲍勃投资的累计收益率是

1 032%，而乔的累计收益率是惊人的 6 370%。

这就是复利的神奇力量！久而久之，这种力量能够把微不足道的一笔小钱变成一笔巨额财富。

但是你知道真正的神奇之处是什么吗？大部分人根本没有充分地利用这一显而易见的秘诀，无视摆在自己眼前的这一创富之道。相反，他们一直认为能够靠自己的努力致富。这是一种普遍的误解：认为只要收入足够多就能够实现财务自由。

事实的真相是，实现财务自由并不是那么简单的。我们都读过有关电影明星、歌星和体育明星的故事，他们赚的钱比上帝赚的还多，但最终有些人却破产潦倒，因为他们不知道如何投资。经过一连串糟糕的投资之后，说唱歌手 50 美分（50 Cent）于 2015 年宣布破产——尽管其资产净值曾达到 1.55 亿美元。女影星金·贝辛格在其事业巅峰时每部影片的收入超过 1 000 万美元，但最终她还是破产了。流行音乐天王迈克尔·杰克逊据说在 2009 年去世时欠下了 3 亿多美元的债务，尽管据报道他曾签下了价值将近 10 亿美元的唱片合同，并且卖出了超过 7.5 亿张唱片。

我们还可以看一下近期的一个例子，约翰尼·德普是好莱坞收入最高的演员之一，在过去 30 年的时间里，通过主演像《加勒比海盗》这样的大片以及担任像迪奥这样的奢侈品品牌代言人，他的收入超过了 6.5 亿美元，但如今据报道他深陷财务危机之中。尽管他声称这是由自己的投资经理们的无能造成的，但投资经理们却将其归咎于他奢靡的生活。德普的投资经理们说，他每月花在酒上的钱多达 3 万美元，甚至花了 300 万美元用特制的大炮把亨特·S. 汤普森的骨灰射向绚烂的夜空。这种事情一般人可是做不出来的！

表 2-1　及早投资的优势

投资额
美元/年
账户总额
美元

年龄	乔的投资额	账户总额	鲍勃的投资额	账户总额
19	3 600	3 960	-	-
20	3 600	8 316	-	-
21	3 600	13 108	-	-
22	3 600	18 378	-	-
23	3 600	24 176	-	-
24	3 600	30 554	-	-
25	3 600	37 569	-	-
26	3 600	45 286	-	-
27	-	49 815	3 600	3 960
28	-	54 796	3 600	8 316
29	-	60 276	3 600	13 108
30	-	66 303	3 600	18 378
31	-	72 934	3 600	24 176
32	-	80 227	3 600	30 554
33	-	88 250	3 600	37 569
34	-	97 075	3 600	45 286
35	-	106 782	3 600	53 775
36	-	117 461	3 600	63 112
37	-	129 207	3 600	73 383
38	-	142 127	3 600	84 682
39	-	156 340	3 600	97 110
40	-	171 974	3 600	110 781
41	-	189 171	3 600	125 819
42	-	208 088	3 600	142 361
43	-	228 897	3 600	160 557
44	-	251 787	3 600	180 573
45	-	276 966	3 600	202 590
46	-	304 662	3 600	226 809
47	-	335 129	3 600	253 450
48	-	368 641	3 600	282 755
49	-	405 506	3 600	314 990
50	-	446 056	3 600	350 449
51	-	490 662	3 600	389 454
52	-	539 728	3 600	432 360
53	-	593 701	3 600	479 556
54	-	653 071	3 600	531 471
55	-	718 378	3 600	588 578
56	-	790 216	3 600	651 396
57	-	869 237	3 600	720 496
58	-	956 161	3 600	796 506
59	-	1 051 777	3 600	880 116
60	-	1 156 955	3 600	972 088
61	-	1 272 650	3 600	1 073 256
62	-	1 399 915	3 600	1 184 542
63	-	1 539 907	3 600	1 306 956
64	-	1 693 897	3 600	1 441 612
65	-	1 863 287	3 600	1 589 733
及早投资的优势：		273 554		

我们从这些事例中能得到什么教训？人们永远无法通过自己的努力实现财务自由。致富的最佳途径是你拿出自己一部分资金进行投资，这样久而久之就能够得到复利。这是你的致富之道，即使在睡觉的时候复利也可以为你赚钱。这样你就可以让钱成为自己的奴隶，而不是让自己成为金钱的奴隶，这样你就可以实现真正的财务自由。

此时此刻，你可能会在心中暗想：“有道理，不过要想实现财务目标，我需要拿出多少钱进行投资？”这个问题问得很好！我们在前文提到过，为了帮助大家回答这个问题，我们研发了一款应用程序，你可以利用它计算出自己需要投资的数额。具体内容参见 www.unshakeable.com。

每个人的情况都不相同，因此我建议你同投资顾问坐下来讨论一下你的具体目标，以及如何实现这一目标。但我想提醒你，大多数投资顾问都会过低估算你达到财务安全、独立和自由所需的钱。有些顾问会说你的储备金应当是你目前收入的 10 倍，而另外一些更现实一点儿的顾问会说需要达到目前收入的 15 倍。换句话说，你现在的收入如果是 10 万美元，那么你需要 150 万美元的储备金；如果你现在的收入是 20 万美元，那么你需要 300 万美元。你明白了吧？

实际上，你真正的目标应当是你目前收入的 20 倍。因此，如果你目前的收入是 10 万美元，那么你将需要 200 万美元。这听起来好像很多，但别忘了，我们的朋友乔只用了 28 800 美元就实现了这一目标，并且我敢打赌，在未来投资的过程中你赚到的会比这还要多很多。

你在《钱》中可以读到与此有关的更详细的内容，该书中有整整一章是关于这一主题的。我在那本书中介绍过，在看到这么大数额的金钱时人们很容易感到惊讶。但是当从一个较容易达成的目标开始时你就不会感到那么吃惊了。例如，你的首要目标可能是财务安全，而并非完全的财务独立。如果你能够支付得起自己的房贷、饮食、公共事业费、交通费和保险费，完全不需要再出去工作，你会感觉如何？你肯定会感觉相当棒，对不对？好消息是，达到这一点所需的金钱通常不到最终财务独立所需金钱的 40%，因而实现财务安全这一目标是较为容易的。一旦实现了这一目标，你就积攒了强大的动力，再高一些的数额也不会令你感到紧张了。

但是，如何实现这一目标？首先，你必须进行储蓄投资——要成为一名资产所有者，而不仅是一名消费者。你先从收入中拿出一定比例资金，将其自动从你的工资或银行账户中扣除，用来支付给自己。这将建立起你的自由基金，成为终身收入的来源，可以让你无须再出去工作。我猜你可能已经这样做了，但是你或许应当提高一下这一资金比例了：由原来储蓄收入的 10% 提高到 15%，或者由 15% 提高到 20%。

对于有些人来说，现在拿出 10% 的收入可能不大现实，因为你目前所处的人生阶段或者需要你偿还助学贷款，或者需要你对自己的家庭或生意承担重大责任。无论你的处境如何，你都必须迈出第一步，开始行动起来。有一种方法被证明是行之有效的，这种方法被称为“储蓄更多，投资更多”，对此，我在《钱》中的第三部分有过详细介绍。一开始，你可以只储蓄收入的 3%，然后逐渐增加到 15% 或者 20%。

现在你已经有储蓄资金了，接下来你应该往哪里投资以获取最大收益，从而争取尽快实现理财目标？

通过长线投资，获取复利收益的最佳投资机会来自股票市场。在第六章中，我们将探讨整合包括其他资产形式在内的多样化投资组合的重要性。但现在，我们将重点探讨股票市场。为什么？因为这是一片投资沃土！像我们的祖先一样，我们需要把种子播撒在能为我们带来巨大丰收的土地里。

应当把钱投向何处?

我们都知道，股票市场让数以百万计的人变成了富翁。在过去 20 年里，尽管股市出现了很多起伏波动，但它一直是价值投资者创造财富的最佳领域。[①] 但你需要理解这个市场模式，需要把握适当的时机。本章就是关于这方面内容的。

今天所有人头脑中最重要的投资问题是什么？根据我的经验，我们都在寻找几乎同一个问题的答案：“我应当把钱投向何处？”

回答这一问题最近变得日益紧迫，因为所有答案似乎都不甚令人满意。在利率紧缩时代，把现金放在储蓄账户中没有任何收益。你如果购买优质债券（把钱借给瑞士政府或日本政府），就会得不偿失。有一个笑话说的是，如今，那些传统意义上的安全投资带来的是“无收益风险”而不是“无风险收益”。

股票市场的情况如何？来自全球的数千亿美元资金涌入美国股票市场，很多人将这一市场视为动荡世界中相对安全的避风港。但这反而引发了更多不确定因素，因为美国股市以及股票估价，在过去 7 年半的时间里一路飙升，这加剧了人们关于股票市场势必暴跌的担忧。就连那些在这种上涨的市场中表现突出的人也担心市场会衰退，他们

① 更多信息，参见《钱》361 页中诺贝尔经济学奖得主罗伯特·席勒列出的图表。

担心除了各国央行及其疯狂的金融政策外，没有什么能支撑这一市场。

因此，你应当怎么做？卖掉手中的一切，跑到深山老林里，为股市崩盘做好准备？把自己所有的钱换成现金（没有丝毫收益），一直等到股市暴跌，然后再低价买进？但问题是你能够等多久？那些已经等待了多年，错过了整个牛市的倒霉蛋又该如何是好？还是说你应当待在市场中，坐着不动，闭上眼睛，做好准备，迎接冲击？我曾告诉过大家：所有这些方法没有一种听起来是可取的！

大家都知道，人类在应对不确定因素时会感到很棘手。因此，当身处这种所有事情看起来都不确定的环境中时，我们又如何能做出明智的决定？当金融市场的寒冬最终降临时，如果我们不知所措，那么我们又能做什么？

但是我想告诉大家的是：我的确知道金融市场的冬天将何时来临。是怎么知道的？我在回顾整整一个世纪的股票市场的走势时，发现了这样一个非同寻常的事实：金融市场的冬天平均每年降临一次。

一旦开始认清这种长期模式，你就能够利用这种模式，甚至你对不确定因素的恐惧也将消失，因为你会发现金融市场的重要方面比你想象的更容易预测。

因此，我们将带你了解以下 7 个方面的事实，以帮助你认清股市的运行方式。你将会发现某些模式是重复出现的，也能学会根据自己对这些已经被证明有效的模式的理解做出决定——就像我们的祖先发现春天播种是丰收的制胜之道那样。当然，无论是在农耕、理财还是生活中，没有什么是百分之百确定的。在有些年份中冬天来得早一些，有些年份冬天来得晚一些；有些年份冬天严寒刺骨，有些年份冬天温暖和煦。但是如果你常年坚持使用正确的方法，那么成功的概率就会大幅上升。投资大师与平庸之辈的关键差异是，大师能够找到制胜之道并一直坚持，因而他们的胜算总会更大。

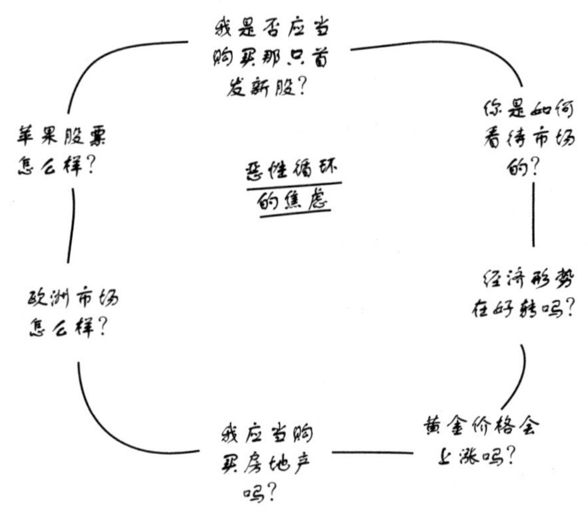

一旦理解了我们马上要介绍的这 7 个不争的事实，你就会了解金融市场的变化规律，就会了解投资游戏的规则——这是其基本原理。这将赋予你巨大优势，因为甚至连很多经验丰富的资深投资者也不了解这些事实。掌握这些知识之后，你就可以参与投资游戏，坚持下去，并最终胜出。**最重要的一点是，这些事实将把你从左右大多数人投资生活的所有恐惧和焦虑中解放出来。这就是我们称其为“财务自由事实”的原因。**

我想告诉你的是，不带恐惧进行投资的能力十分重要。为什么？因为太多人由于恐惧而无能为力，几乎无法涉足投资领域。他们担心股票市场崩溃后自己辛苦赚来的钱会打水漂。他们担心自己投资之后股市会立刻暴跌，担心自己会受到伤害，因为他们不清楚自己在做什么。但是正如你马上会发现的那样，一旦你理解了我们将在随后几页中介绍的那些事实，所有这些恐惧很快就会烟消云散。

但是开始介绍之前，我要先简短地解释几个投资术语。市场从其巅峰下跌至少 10% 被称作“市场回调”——这是一个十分平淡中性的术语，大多数人对这种体验的兴趣类似于对牙科手术的兴趣。市场从其巅峰下跌至少 20% 则被称作“熊市”。

我们先一起看几个有关市场回调的令人惊讶的财务自由事实，然后再把注意力转到熊市上去，最后，我们将介绍其中最重要的一个事实：最大的危险不是市场回调，也不是熊市，而是退出市场。

股市事实1：从1900年开始，市场回调平均每年出现1次

你是否听过权威人士在美国全国广播公司财经频道或微软全国广播公司的节目中谈论股票市场？他们能让股市听起来非常富有戏剧性，这是不是很神奇？他们热衷于谈论股市的波动和混乱，因为对股市的恐惧会吸引你听他们的节目。他们不断地分析预测者预测的、能引发市场混乱的各种短暂的危机，其中可能包括中东地区的动荡局势、石油价格暴跌、美国债务评级下跌、财政悬崖、预算僵局、英国脱欧、中国经济减速以及其他所有能刺激观众的信息。顺便提一下，如果你不明白这些事情也不用担心，因为这些专家中的大部分人也不明白！

我并不是谴责他们散播流言、蛊惑人心，因为这是他们的工作。但

对于我们来说，所谓的专家之言其实根本没那么令人兴奋，其中许多内容只不过是虚张声势、故意炒作，为的是不让你换台。但问题是，所有这些喋喋不休的胡言乱语，所有这些夸张的表演以及所引发的各种情绪让我们很难静下心来思考问题。当听到这些专家非常严肃地谈论股票市场有可能回调、崩溃或出现危机的时候，我们很容易产生焦虑，因为这听起来仿佛天要塌了一样。这可能有助于制作收视率高的电视节目，但我们决不能根据恐惧做出投资决定。因此，我们应当尽可能地把感情因素从投资游戏中抽离。

不要受所有这些噪声的干扰，而要专注于真正重要的几个关键事实。**例如，从 1900 年开始，市场回调平均每年出现 1 次。**我在第一次听到这一点时，着实吃了一惊。**仔细想想，如果你现在 50 岁，能活到 85 岁，那么你有望经历另外 35 次市场回调。换句话说，你要经历的市场回调次数同你的生日次数完全相同。**

为什么这一点很重要？因为它告诉我们市场回调只不过是投资游戏中最平常的一部分。我们不应生活在对它的恐惧中，而应当接受它，将其看作家常便饭——就像春夏秋冬四个季节一样平常。不仅如此，**从历史上来看，市场回调的平均持续时间只有 54 天——还不到 2 个月！**换句话说，大部分回调在你意识到之前就已经结束了。你看，没有那么恐怖，对不对？

尽管如此，当身处市场回调期时，你可能会发现自己还是忐忑不安，想要卖出股票，因为你急于避免可能遭受的更多痛苦。有这种想法的人并非只有你自己。这些蔓延的波动情绪会制造出一种危机心态。**但需要注意的是，在过去 100 年间的回调期内，市场仅平均下跌 13.5%。**从

1980 年到 2015 年年底，市场平均下跌了 14.2%。

个人资产蒙受损失会让人很难受，而这种忐忑焦虑又会让许多人犯下大错。但大家需要记住的是：如果你坚持挺住，暴风雨可能很快就会过去。

股市事实2：在所有的市场回调中，转变为熊市的不超过20%

当市场开始下跌时，尤其是当下跌超过 10% 的时候，很多人无法继续忍受损失之痛，开始抛售股票，因为他们害怕这种暴跌会变成死亡旋涡。他们这样做难道不是明智和谨慎的吗？实际上并非如此。**事实证明，最终演变升级为熊市的市场回调不到 1/5。换句话说，80% 的市场回调不会变成熊市。**

如果你在市场回调期间因恐慌而抛售变现，那么你很可能错过市场回弹。一旦你明白了大多数的市场回调并没有想象的那么糟糕，你就更容易保持镇定，抵制诱惑，不至于一有风吹草动就按动发射按钮。

股市事实3：没有人能一贯准确地预测市场涨跌

媒体一直在宣扬一个神话，即你如果足够聪明，就能够预测市场走势，避开市场下行。金融行业也在兜售同样的幻想：经济学家和来自大型投资银行的市场战略家能准确预测标准普尔 500 指数在年终的走势，就仿佛他们有一个未卜先知的水晶球或者敏锐的洞察力（同样不可能）似的。

商务杂志的撰稿人也喜欢像法国占星家诺斯特拉德马斯那样，警告你“市场崩溃即将到来”，好让你主动订阅他们的刊物，以避免这种命运。他们中的许多人每年都会进行这种不祥的预测，偶尔也会预测准确，就像任何人都可能做到的那样。其实说穿了，即使戴着一块儿坏表的人，每天也可能两次告诉你准确的时间。因而，这些自我标榜的预言家就利用“准确的”预测推销自己，把自己吹嘘成市场时机的把握者。你除非深谙此道，否则很容易信以为真，上当受骗。

其中也有一些人可能真的相信他们自己的预测能力，但更多的人只不过是油嘴滑舌的推销人员。因此你需要自己做出判断：他们究竟是白痴还是骗子？我不好妄加评论。但我想告诉你的是，你如果想相信他们的预测，一定提醒自己想一想物理学家尼尔斯·玻尔的那句名言：预测是相当困难的，尤其是预测未来。

我不清楚你是如何看待牙仙或者复活节小兔子的，但是谈到投资理财，最好的办法是面对事实。我说的事实是没有人能一直准确地预测市场涨跌。如果你认为自己能够成功地“把握市场时机”，能够在恰当的时机进出市场，那肯定是痴心妄想。

如果你不相信，看看两位金融界最聪明的投资大师对市场时机以及预测市场走势难度的看法。管理资产超过 3 万亿美元的先锋领航集团创始人约翰·博格曾经这样说过：“没错，如果能在股市高位卖出、低位买进，那是相当棒的。但在我从业的 65 年里，我不但从未遇见知道如何这样做的人，而且也从未遇见认识知道如何这样做的人的家伙。”沃伦·巴菲特则这样说过：“股市预言家的唯一价值就是让算命这个行当看起来体面些而已。”

虽说如此，但我必须承认一点：看着这些市场权威人士、评论员、经济学家自欺欺人，试图准确预言市场回调时间，还是挺有意思的。大家看一下我整理在下面的这些言论就明白我说的是什么意思了。我最喜欢的一个例子是经济学家鲁里埃尔·鲁比尼博士关于2013年将出现“重大”股票市场回调的（错误）预测。鲁比尼是当代最知名的预言家之一，绰号“末日博士”，因为他曾多次预言市场灾难。他曾成功预测2008年的市场下跌，但遗憾的是，他也曾预测2004年、2005年、2006年和2007年会出现经济衰退，但结果全都预测错误。

根据我的经验，像鲁比尼这样的市场预言家都很机智聪明、能言善辩，他们的观点也常常令人信服。这些人都是通过把你吓得半死而飞黄腾达的，而他们通常会一而再、再而三地做出错误的预测。偶尔他们也会预测正确，但如果你相信了他们所有的骇人听闻的警告，你最终只能躲在床下，紧紧地抱着藏有你一生积蓄的铁盒子。我想告诉你一个秘密：历史上，从未有过长期投资成功的制胜之道。

末日商人

大家如果愿意，可以拿出一点儿时间，看一看下面这些由自封的市场预言家做出的33次失败的预测。它们的序号都对应着图2-1中的预测日期。它们的共同特点是专家都预测市场会下跌，但实际上市场都在上涨。

1. “市场即将回调”，伯特·多门，多门资本研究集团，2012年3月7日。

2. “股市面临回调”，本·鲁尼，美国有线新闻网财经频道，2012年6月1日。

3. “市场即将下跌10%：死守还是逃生？”马特·克兰茨，《今日美国》，2012年6月5日。

4. “股价明显回调，事实上会在2013年迫使美国经济进入全面衰退”，鲁里埃尔·鲁比尼，鲁比尼全球经济咨询公司，2012年6月20日。

5. “为2013年股票市场崩盘做好准备”，乔纳森·耶茨，moneymorning.com，2012年6月23日。

6. “末日博士2013年的预测：鲁比尼声称更糟的全球经济动荡正在临近；应当对此负责的5种因素”，库基尔·博拉，《国际商业时报》，2012年7月24日。

7. “当心市场回调以及更糟的情况”，马克·赫尔伯特，《市场观察》，2012年8月8日。

8. “我们认为应当为9月份市场回调8%~10%做好准备”，玛丽安·巴特尔斯，美银美林，2012年8月22日。

9. “市场回调正在逼近：一位专业人士预测股市将在10天内出现大幅下挫”，约翰·梅洛伊，美国全国广播公司财经频道，2012年9月4日。

10. “警告：股市回调可能正在逼近”，希巴赫·尤素夫，美国有线新闻网财经频道，2012年10月4日。

11. “我马上要去告诉我的对冲基金客户美国经济正在进入衰退期”，迈克尔·贝尔金，贝尔金有限公司，2012年10月15日。

12. “对财政悬崖的担忧可能导致经济回调”，卡洛琳·瓦勒卡维奇和瑞安·弗拉斯斯泰利查，路透社，2012 年 11 月 9 日。

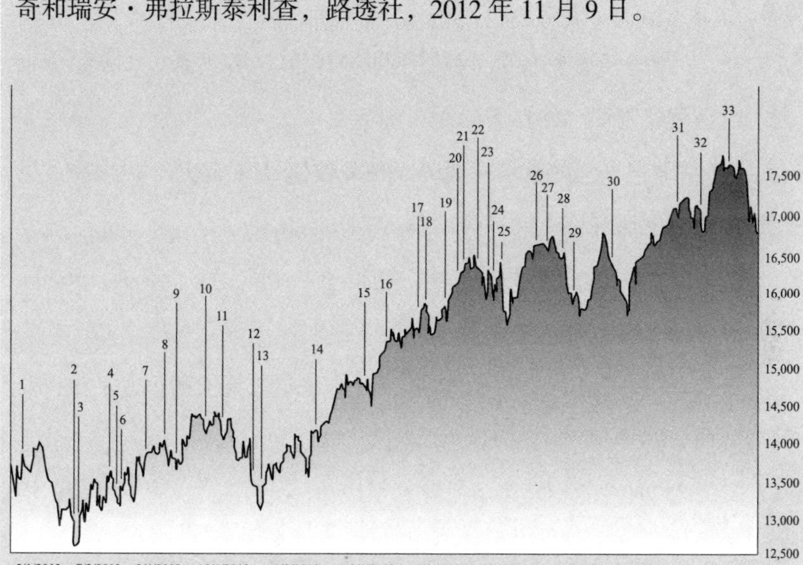

图 2-1 33 次预测错误一览

13. “为什么一场严重的股市回调即将来临”，米切尔·克拉克，隆巴迪金融网站，2012 年 11 月 14 日。

14. “等到了夏天，我们将遭遇另一次下跌”，哈里·登特，登特研究所，2013 年 1 月 8 日。

15. “股市回调可能已经开始”，里克·纽曼，《美国新闻与世界报道》，2013 年 2 月 21 日。

16. “低迷的经济可能是市场回调的信号”，莫琳·法雷尔，美国有线新闻网财经频道，2013 年 2 月 28 日。

17. “我认为市场回调正在到来”，拜伦·威恩，百仕通集团，

2013 年 4 月 4 日。

18. “市场姗姗来迟的回调似乎即将开始”，乔纳森·卡斯尔，百利宫财富战略集团，2013 年 4 月 8 日。

19. “即将来临的市场回调的 5 种警告信号”，道恩·贝内特，贝内特集团金融服务部，2013 年 4 月 16 日。

20. “股票市场的警告信号正变得不吉利”，西·哈丁，Street-SmartReport.com，2013 年 4 月 22 日。

21. “不要买进——抛售风险资产”，比尔·格罗斯，太平洋投资管理公司，2013 年 5 月 2 日。

22. “此时可能不宜逃离风险，但应该一走了之”，穆罕默德·埃尔·埃里安，太平洋投资管理公司，2013 年 5 月 22 日。

23. “我们很快就要遭遇市场回调了”，拜伦·威恩，百仕通集团，2013 年 6 月 3 日。

24. “末日调查：年底出现股市崩盘的风险为 87%”，保罗·法雷尔，《市场观察》，2013 年 6 月 5 日。

25. “股票缩水: 股市正走向严重回调”，亚当·谢尔，《今日美国》，2013 年 6 月 15 日。

26. “不要盲目乐观——市场回调正在路上”，萨沙·切凯里韦茨，反向投资研究所，2013 年 7 月 12 日。

27. “两个月以来，我的同行们一直告诉我，7 月 19 日是股票市场暴跌的开始”，杰夫·绍塔，raymondjames.com，2013 年 7 月 18 日。

28. “即将出现市场回调迹象”，约翰·基梅尔曼，《巴隆金融周刊》，2013 年 8 月 13 日。

29. “市场回调警告：多久？多糟？如何应对？”，凯文·库克，Zacks.com，2013 年 8 月 23 日。

30. “我认为股票市场极有可能暴跌”，亨利·布洛杰特，商业内幕网（Business Insider），2013 年 9 月 26 日。

31. “出现市场回调的 5 个原因”，杰夫·里夫斯，《市场观察》，2013 年 11 月 18 日。

32. “即将出现 20% 的市场回调”，理查德·雷希尼奥，《巴隆金融周刊》，2013 年 12 月 14 日。

33. “百仕通集团的威恩：股票市场可能出现 10% 的回调”，丹·韦尔，Moneynews.com，2014 年 1 月 16 日。

股市事实4：尽管可能出现许多短期下挫，但从长远来看股票市场一直上涨

自 1980 年到 2015 年年底，标准普尔 500 指数每年平均下跌 14.2%。换言之，在 36 个年度里，这些市场下跌非常有规律。我想再说一遍，这没什么可担忧的——这只不过是一个正常的季节更替。但你知道真正让我惊讶的是什么吗？正如你在图 2-2 中所看到的那样，在这 36 个年度里，有 27 个年度市场最终取得了正收益，正收益年份比例高达 75%。

尽管标准普尔 500 指数平均每年下跌 14.2%，但在过去 36 个年度里，美国股票市场在 27 个年度内最终都取得了正收益。

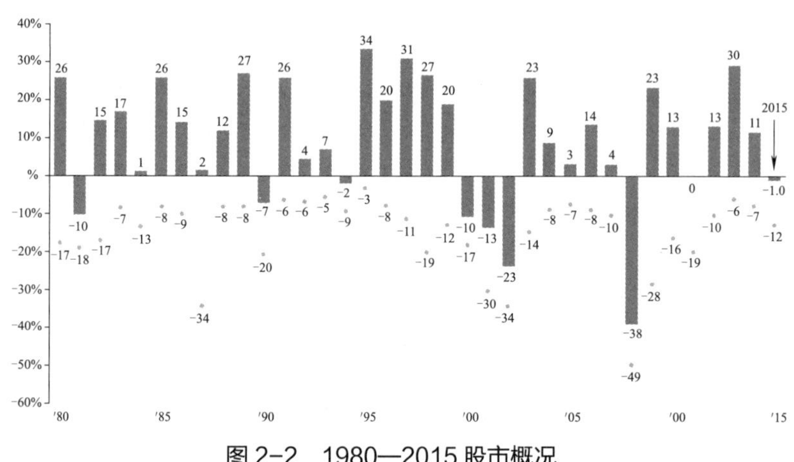

图 2–2　1980—2015 股市概况

为什么这一点如此重要？因为它提醒我们，从长远来看市场通常是上涨的——尽管在这一过程中我们可能会遭遇很多坎坷。我们都知道，在过去 36 个年度里，世界遭遇了许多问题，其中包括两次海湾战争、“9 · 11”恐怖袭击、伊拉克与阿富汗冲突以及自大萧条之后最严重的一次金融危机。即便如此，除去其中那 9 个年度，市场最终还是上涨的。

在实践中这意味着什么？它意味着我们应当记住，市场的长期发展轨迹通常是令人满意的，即使短期内可能显得惨淡低迷。在此我们无须纠结于经济理论，但有必要提一点：从长远来看，美国股票市场通常是上涨的，因为随着美国公司的利润增加、美国工人的效率提升、人口的增多以及技术创新的应用，美国经济会一直向前发展。

我并不是说每一家公司，或者每一只股票都能长盛不衰。我们都明白，商场如战场，如同达尔文学说中适者生存的丛林法则一般。有些公司会被淘汰，有些股票会被清零。但是，持有指数基金的一大优势是弱小的公司会陆续被剔除，被强大的公司替代，因为指数基金锁定的是多只股票，比如标准普尔 500 指数。这是适者生存的现实案例！其好处是你能够从指数基金所包含的公司的质量提高中获益。这是怎么做到的？作为某指数基金的股东，你拥有该指数基金中那些公司未来的部分现金流。这就意味着美国经济在为你赚钱，即使在你睡觉的时候也是如此！

但是，万一美国经济的未来非常糟糕，我们该怎么办？这个问题非常好。我们都知道世界充满了严峻挑战，无论是恐怖主义的威胁、全球变暖或者社会保障责任。即便如此，美国经济依然极具活力和适应能力，具有推动经济未来增长的强劲趋势。沃伦·巴菲特在他的 2015 年的年度报告中详细地讨论了这个问题，解释了人口增长和生产效率的极大提高是如何为下一代美国人创造巨大财富的。他这样写道："这种强大趋势一定会继续下去：美国的经济奇迹依然存在，并且表现良好。240 年以来，看轻美国一直是一个可怕的错误，而且现在仍然不是开始的时候。"

股市事实5：历史上，熊市每3~5年就会出现一次

我希望你现在开始明白为什么应当做一名股市价值投资者，而不仅仅当一名短线交易者；并且我希望你同样明白自己无须生活在对市场回调的恐惧中。我们现在简要地概括一下：现在你知道了市场回调经常发生；没有人能够预测何时发生；市场常常会快速反弹，恢复其往日的上涨轨迹。因此，你曾经感受到的所有恐惧都应当转化为力量。相信我，这些事实让我茅塞顿开，给了我极大的启示：一旦理解了它们，我对市场回调的所有担忧就都烟消云散了。这些事实证明，所谓的蛇只不过是

一根毫无生气的绳子而已。

但是，我们如何看待熊市？我们难道不应该对其感到恐惧吗？事实上，我们不应感到恐惧。在此，需要再次弄清楚几个关键事实，这样我们就可以根据基本常识采取行动，而不是感情用事。

你需要知道的第一个事实是，从1900年至2015年的115年时间里，股票市场曾出现过34次熊市。换言之，熊市几乎每3年出现一次。最近这些年，熊市出现的频率略有降低：从1946年至2016年的70年里，出现过14次熊市，**也就是说，每5年出现一次熊市。**因此，根据我们开始计算的时间，可以说熊市在历史上是每3~5年就出现一次。照此情形来看，如果你今年50岁，你很可能还会经历8~10次熊市。

我们都知道，未来不会是过去的翻版。尽管如此，研究一下过去的情况，从广义上掌握这些反复出现的模式，还是有用的。正如俗语所说的："历史不会重演，但总是惊人相似。"那么，我们从一个多世纪的金融历史中有何收获？我们明白了熊市可能每5年出现一次，无论我们喜欢与否。正如我在前面说过的，冬天正在来临。因此我们最好习惯这一点，并做好准备。

当股市真的暴跌时情况会有多糟呢？从历史上看，在熊市期间，标准普尔500指数平均下跌33%。在超过1/3的熊市中，指数基金暴跌40%以上。我不想掩盖这一点。如果你感到恐慌，在市场动荡中抛售一切，那么你的损失会超过40%，你一定会感觉自己真的像被灰熊咬了一样。即使你了解市场，坚守不卖，你可能也会被熊市折磨。

即使像我的好友约翰·博格那样经验老到的人也承认，这绝非如闲庭信步般轻松。"市场下跌50%时我是什么感受？"他打了个比方，说道，

“说实话，我感到很痛苦，仿佛万箭穿心一般。我该如何是好呢？我会拿出几本自己写的关于坚持到底的书，重读一遍！”

遗憾的是，在股市混乱动荡期间，许多投资顾问也沦为恐惧的牺牲品，躲在办公桌下面瑟瑟发抖。彼得·默劳克曾经告诉我，在股市风暴期间，持续沟通是创意财富公司与众不同的地方。他的公司成了公认的灯塔，并一直传播坚持到底的信念。

但你需要知道的是：熊市不会持续太久。看一下表 2–2，你就会明白在过去的 70 年时间里，出现在美国的 14 次熊市是怎样的。这些熊市持续时间大不相同，有的持续了一个半月（45 天），有的持续了将近 2 年（694 天），平均持续大约 1 年。

表 2–2　熊市回顾

年份	持续天数	标准普尔 500 指数下跌百分比（%）
1946—1947	353	23.2
1956—1957	564	19.4
1961—1962	195	27.1
1966	240	25.2
1968—1970	543	35.9
1973—1974	694	45.1
1976—1978	525	26.9
1981—1982	472	24.1
1987	101	33.5
1990	87	21.2
1998	45	19.3
2000—2001	546	36.8
2002	200	32.0
2007—2009	515	57.6

当身处熊市之中的时候，你会发现自己周围大部分人变得异常悲

观，他们开始觉得市场永远不会上涨，认为自己的损失只会加剧，股市的寒冬会永远持续下去。但是请记住：冬天永远不会持续太久！春天一定会到来。

最成功的投资者会利用所有这些恐惧和悲观情绪，在股市动荡混乱时期以便宜的价格买入更多股票。在 2008 年去世之前，20 世纪最成功的投资人之一约翰·邓普顿爵士在我对他的数次采访中，向我详细介绍过这方面的经验。邓普顿爵士通过在“二战”期间购买廉价股票发了大财。他曾说过这样一句话：“最好的机会出现在人们极度悲观的时候。”

股市事实6：熊市会变成牛市，悲观会变成乐观

你是否记得在 2008 年银行纷纷倒闭、股票市场暴跌时，世界看起来有多么脆弱不堪？当时你在想象未来时它是看起来前途暗淡、危险重重，还是看起来即将走向光明？

正如你在表 2–3 中看到的那样，股票市场最终在 2009 年 3 月 9 日跌入谷底。你知道接下来发生了什么吗？在随后 12 个月的时间里，标准普尔 500 指数飙升了 69.5%。这是惊人的收益！前一刻，市场还在动荡，后一刻，历史上最大的牛市就出现了！正如我在 2016 年岁末所写的那样，标准普尔 500 指数从 2009 年 3 月的最低点增长了惊人的 266%。

表 2–3　从熊市到牛市

熊市谷底	随后 12 个月的反弹百分比（标准普尔 500 指数）（%）
1949 年 6 月 13 日	42.07
1957 年 10 月 22 日	31.02
1962 年 6 月 26 日	32.66
1970 年 5 月 26 日	43.73
1974 年 10 月 3 日	37.96
1982 年 8 月 12 日	59.40
1987 年 12 月 4 日	22.40
2001 年 9 月 21 日	33.73
2002 年 7 月 23 日	17.94
2009 年 3 月 9 日	69.49

你可能认为这种现象比较反常，但正如你在表 2–3 中所看到的，在过去 75 年间，熊市突然消失、牛市突然出现的模式一再反复出现。

现在你明白为什么沃伦·巴菲特会说"在别人恐惧时我贪婪，在别人贪婪时我恐惧"了吗？因为他明白市场情绪能够快速地从恐惧、消沉转变为积极、乐观。事实上，当市场令人极度沮丧时，像巴菲特这样的投资大师常常会积极操作。

在消费者信心方面，你也能看到类似的模式。消费者信心是衡量消费者对未来乐观或悲观程度的指标。当市场处于熊市时，市场评论人士常常会说消费者支出减少了，因为人们对未来感到十分担忧。这是一种恶性循环：消费者花的钱少了，因此公司赚到的钱也少了。公司盈利减少了，难道不意味着股票市场难以恢复吗？你可能也会这样想。但是，消费者情绪悲观的时期常常是进行投资的理想时机。看一下表 2–4 你就会发现，当消费者信心处于低点时，一系列牛市就开始出现了。

表 2-4　谁需要信心？

消费者信心小于 60% 的年份	随后 12 个月的反弹百分比（标准普尔 500 指数）（%）
1974	37
1980	32
1990	30
2008	60
2011	15

为什么会这样？因为股票市场着眼的不是今天，而是明天。最关键的不是当前的经济形势，而是未来趋势。当一切看起来糟糕透顶的时候，钟摆最终会朝另一个方向摆动。事实上，美国历史上的每一次熊市之后都会出现一次牛市，无一例外。

对于美国股市长期投资者来说，这种不可思议的市场弹性使得投资变得相对简单，因为萧条之后总会出现繁荣。但其他国家的情况如何？它们是否也存在这种熊市之后紧跟着出现牛市的类似模式？

大致来说，其他国家也是这个样子的。但是日本市场的形势更严峻一些。大家是否还记得 20 世纪 80 年代，日本公司如日中天，似乎统治着全球经济的时候？日本的股票指数日经 225 指数在极度乐观的数年内上涨了 6 倍，在 1989 年创下了 38 957 点新高。之后日本股市逐渐崩盘。到 2009 年 3 月，日经指数跌至 7 055 点，这相当于在 20 年时间里下跌了 82%。不过，在最近几年里，它又强势回归，恢复到 17 079 的高点。即便如此，在将近 30 年之后，日本股市依然远低于其历史峰值。

正如我们之后还要探讨的那样，你可以打造投资组合，其中可以涉及全球范围的多种投资产品，以此保护自己，防范股市灾难。

股票市场是一种工具，它能把没有耐心者的钱转移到有耐心者手中。

——沃伦·巴菲特

你是否听过这样的说法：股票市场已经达到历史最高点。或许你当时感到不安，认为我们飞得太高，已接近太阳，地球引力就要发挥作用了，股市即将不可避免地跌回尘埃。

我在写下这些文字的时候，标准普尔 500 指数距离其历史最高点只差几点。在最近几个星期里，它曾多次创下新高。大家都知道，这次的牛市超过了 7 年。因此，我们可能都在想股市到了应该下跌的时候了。当股市一路飙升数年之后，我们不应该再做无谓的冒险了。这种想法当然是有道理的。如果我们能从日本股市的历史中得到什么教训，那就是当股价飙升时，我们人类通常会忘乎所以，忽视危险的存在。

但是，股市接近历史最高点并不一定意味着马上就会出现风险。我们在前面讨论过，美国股市普遍倾向于上涨。之所以美国股市能长期上涨，是因为美国经济持续发展。**事实上，美国股市在所有交易日中约有 5% 的时间触及历史最高点，平均每月一次。**①

由于通货膨胀的原因，几乎所有物品的价格都一直处于历史最高点。你如果不相信我所说的，可以查看一下你买的巨无霸汉堡、拿铁咖啡、糖果、感恩节的火鸡、新车的价格。它们的价格都有可能处于历史最高价位。

① 记住：现实生活不是绝对的平均，常常会有连续的起起落落，但知道平均值还是有用的。

股市事实7：最大的危险是退出市场

我希望现在你能认同我的观点：人们不可能非常有把握地进入市场和退出市场。对于我们这样的凡夫俗子来说，想要预测市场走势简直是痴心妄想。正如约翰·博格曾经说过的那样："所谓'铃声一响投资者进入股票市场，铃声一响投资者退出股票市场'的想法，是完全不可信的。"即便如此，股市接近历史最高点可能会让你谨慎行事，手持现金在一旁观望，直到股票价格下跌。

问题是，短期观望也可能是所有错误中代价最大的一个。我知道这听起来违反常理，但正如你在图 2-3 中所看到的那样，观望的做法能对你的收益产生毁灭性影响，尤其当你错过了市场中收益最高的几个交易日的时候。

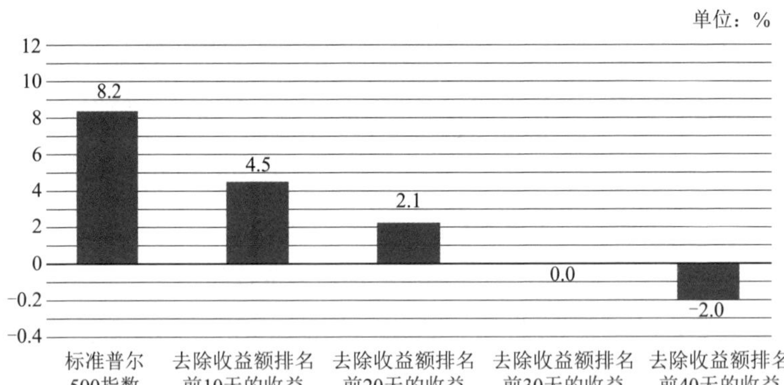

资料来源：嘉信理财金融研究中心

图 2-3　1996—2015 指数基金年度总收益

从 1996 年到 2015 年，标准普尔 500 指数的年平均收益率是 8.2%，但是如果你错过了这 20 年间收益排名前 10 的交易日，你的年平均收益率会减少到只有 4.5%。你能相信吗？仅仅因为错过了 20 年里收益最高的 10 个交易日，你的收益率就减少了将近一半！

还有更糟糕的！如果错过了 20 年里收益最高的 20 个交易日，你的年平均收益率就会从 8.2% 降至微不足道的 2.1%。如果你错过了收益排名前 30 的交易日，情况会如何？你的收益会化为乌有，收益率会一直降到零！

与此同时，摩根大通公司 (JPMorgan) 的一项研究发现，过去 20 年间股票市场 10 个最佳交易日中的 6 天出现在两周之内，而这期间还出现了最糟糕的 10 个交易日。这给我们的启示是：如果你当时感到心惊肉跳，在错误的时间抛售股票，那么你就会错过之后的美妙时光，而耐心的投资者几乎可以赚得盆满钵满。**换句话说，市场动荡并没有什么可害怕的，还有可能是你快速实现财务自由的绝佳机会。袖手旁观是无法赢得比赛的，你必须要投身其中。换言之，恐惧得不到回报，只有勇敢才能有所收获。**

现在已经很清楚了：威胁你财务安全的最大因素不是股市崩溃，而是退出市场。事实上，取得长期投资成功最根本的原则之一是你必须进入市场并坚持下来，只有这样你才能获取市场的全部收益。关于这一点，约翰·博格一语中的："不要盲动——只要站在那里就好！"

地狱是太晚发现的真相。

——17世纪英国哲学家托马斯·霍布斯

但是，万一你在完全错误的时间进入股市，又当如何？如果你不太走运，刚进入股市就遭遇市场回调或崩盘，那该如何是好？正如你在图 2-4 中看到的那样，嘉信理财金融研究中心针对市场时机对收益的影响做了一项研究，研究对象是 5 位被假想出来的投资者，他们从 1993 年开始连续 20 年每年投资 2 000 美元。

我们姑且称这 5 位投资者中最成功的一位为“完美女士”，她每年都能在可能产生最高收益的那天投资，也就是当年股市触底的那天。这位虚构出来的投资者连续 20 年都完美地把握住了投资时机，她的最终收益为 87 004 美元。时机把握最差的那位投资者，我们姑且称之为“倒霉先生”，他每年都会在可能产生最坏结果的那天投资，也就是当年股市达到高点的那天。结果如何呢？他的最终收益为 72 487 美元。

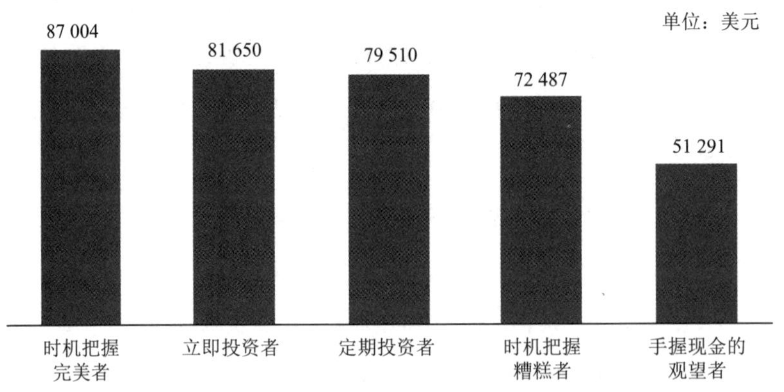

图 2-4　5 位投资者的最终收益

资料来源：里佩绘图，2013 年。

让我们感到惊讶的是，尽管连续经历了 20 年的厄运，倒霉先生依然获利颇丰。这能给我们什么启示？如果你在市场中坚持的时间足够长，复利就会发挥其神奇的作用，最终你会得到丰厚的回报——即使你把握投资时机的运气糟糕到极点。你知道吗，其中业绩最差的投资者不是运气不佳的投资者，而是那个手握现金、等待观望的投资者；最终他的收益只有 51 291 美元。

终获自由！

在这一章里，你掌握了揭示市场运作方式的 7 个事实。根据一个多世纪的金融历史，现在你明白了市场回调、熊市以及市场恢复都反复遵循类似的模式。你既然能够识别这些长期模式，你也应当能够利用它们。

接下来，我们将详细阐述具体策略，你可以通过它们充分利用这些周期性模式。例如，我们将告诉你在创建理想的资产配置策略时应该注意什么，以便你能够在熊市中将损失减少到最低，并在市场反弹时获取最大化收益。但就目前来说，你应当很开心才是，因为你掌握了这些事实，了解了游戏规则，知道了市场回调和熊市都在预料之中，并且很快就会知道如何利用这些因素，并迈向坚定。

最值得高兴的是，现在你可以控制自己的投资活动，并且能够担负起责任。你知道这是为什么吗？因为大多数人从未担负起责任，而是更愿意把他们所遭遇的一切归咎于市场。但是市场从来没有从任何人那里拿走过一分钱！如果你在市场中赔钱了，那是你做的决定造成的；如果你在市场中赚钱了，那也是你做的决定造成的。市场只是做了自己的分内之事，决定你到底是赚钱还是赔钱的是你自己，一切由你负责。

这一章告诉我们，投资理财的冬天之后总会紧跟着春天——这一启示将会使你勇往直前，不再恐惧，或者，至少可以说，远没有之前那么恐惧。知识带来理解，理解带来决心。你不再是那个在股市遭受重创时从中撤出资金的人，你会成为那个长期坚持参与游戏的人——播种合适的种子，耐心地进行培育，然后获得丰收！

但在下一章中，你会发现有件事情的确令人担忧：投资公司会对我们这样的客户收取巨额费用，尽管它们的业绩表现很糟糕。你会发现，没有哪种方法能比削减这些通常是隐藏的额外费用更有效地控制你的投资理财。最终你的收益如何？你至少能够节省 10 年的收入！这些投资公司是如何收费的？

继续往下读，让我们逐步揭露那些隐藏的费用以及半真半假的真相……

第三章

隐藏的费用和欺骗性宣传

华尔街的骗术让客户为他们糟糕的业绩多花冤枉钱

我们的最终目的是什么？把客户口袋里的钱弄到自己的口袋里。

——影片《华尔街之狼》中，马修·麦康纳对莱昂纳多·迪卡普里奥所说的台词

我经常问人们为什么进行投资，得到的回答各不相同。有人说为了得到高额回报，有人说为了获得财务安全，也有人说为了退休后的生活保障，还有人说为了在夏威夷买上一套海景房。但没过多久，几乎每一个人的回答都好像是顺口溜一样朗朗上口——**无论目前他们手头有多少资金，大多数人真正想得到的是财务自由，即能够随时随地与自己心仪的人去做他们想做的所有事情。**这是一个美丽的梦想，也是可以实现的梦想。但是，倘若你的理财之舟已经出现漏洞，那它又如何能够扬帆起航，驶向终点呢？倘若理财之舟积水日深，未曾抵达终点便已倾覆，那你又该如何是好？

其实我真不想告诉大家这一点，但是大多数人都处于这种境地。他们没有意识到自己注定会失望，因为过多的费用会逐渐影响他们的财务平衡，并且最终造成毁灭性影响。最让我难以忍受的是他们全然不知这种危险正在发生，不知道自己正沦为金融产业的牺牲品——该产业正在暗中有组织地向他们收取高额费用。

这并非我的一面之词。非营利组织美国退休者协会（AARP）曾发布过一篇报告。该协会在这篇报告中指出，71% 的美国人认为自己从未向 401（k）退休储蓄计划支付过任何费用。没错，10 个人之中有 7 个人完全不知道他们被收取了费用！这就相当于认为快餐不含卡路里一样。同时，92% 的人承认他们并不清楚自己究竟支付了多少费用。[①] 换句话说，这些人盲目相信金融产业，将自己的全部收益交与他人。没错，也正是这一产业造成了全球金融危机！既然如此，大家还不如干脆向它们双手奉上自己的钱包和银行卡密码！

想必大家都知道一句话“难得糊涂”吧？但我想告诉诸位的是，在涉及个人财务问题时，糊涂绝非好事，它只能带来痛苦和贫穷。对于你和你的家庭来说，糊涂就是一场灾难，但对于金融公司来说它却是一件好事，因为它们利用的就是你的粗心大意。

本章将明确阐述理财费用这一主题，目的是让大家清楚其中弯弯绕绕的门道。好消息是，你一旦了解了其中的套路，就能够彻底阻止它，从而改变自己的理财生活。为什么这一点如此重要？因为高额费用能够吞噬你 2/3 的储备金！先锋领航集团创始人约翰·博格寥寥数语就向我

① “10 个美国人中有 9 个并不了解 401（k）退休储蓄计划：退休调查”，http://www.financial-planning.com/news/nine-in-10-americans-make-this-401-k-mistake-retirement-scan

解释清楚了这一点。

> 假设股票市场在50年间带来的收益是7%。在这种情况下，由于存在复利计算的影响，“每一美元能涨到30美元”。但是基金管理机构每年平均会收取2%的费用，这就使得你的平均年收益率降至5%。在这种情况下，你得到的是10美元，也就是说原来的30美元降至10美元。但问题是，你提供了100%的资金，承担了100%的风险，但得到的却是33%的收益！

大家明白其中的问题所在了吗？你被迫放弃了自己2/3的储备金，结果让投资经理中饱私囊，他们不承担任何风险，不提供任何资金，并且通常还业绩平平、乏善可陈！现在，诸位请思考一下：谁会最终住进夏威夷的海景房呢？

读完本章之后，大家就会明白如何夺回控制权。通过实现费用最低化，你可以节省数年，甚至可能是数十年的退休金。这一举措能够大大加快你实现财务自由的进程。但其好处还不止于此。你还能学会如何大幅削减投资税额。这一点非常关键，因为同理财费用一样，过多的投资税额也极具破坏力，它能够摧毁你所付出的所有努力。

如果你不但发现了投资理财中的这两个敌人，而且还击败了它们，你会有何感想？你一定会觉得自己笃定从容、信念坚定！

华尔街之狼

如果你想实现财务安全的目标，公认的最佳路径是投资公募基金。或许你的堂兄非常幸运，在亚马逊、谷歌和苹果的股票飙升之前购买了它们。但对于其他人来说，选择某只股票是一种极有可能失败的游戏，因为其中有太多事情我们并不了解，有太多变数可能引发问题。但公募基金能够提供一种简单且合理的选择。从一开始，它们就能够提供多种好处，助你降低整体投资风险。

但如何选择正确的基金呢？你可以选择的当然很多。正如我们之前提到的，美国大约有 9 500 种公募基金——其数量比公开上市的美国公司多出一倍多。因此我们可以说，公募基金市场略显饱和。为什么这么多公司想要参与其中？没错，你的想法非常正确：因为这十分赚钱！

问题是，对于华尔街而言，这是很赚钱的买卖，但对我们这样的普通投资者来说却并非如此。不要误解我的意思，我并不是说这个行业是在有意识地欺骗我们，也不是说这个行业中到处都是江湖骗子。相反，大部分投资专家都很聪明、勤奋和缜密。但是华尔街生态环境中的重中之重是要为自己赚钱。这并不是一个由邪恶之人组成的邪恶行业，华尔街企业的目的是为它们的股东实现利润最大化，这就是它们的工作。

即使是最善良的员工也是在这一制度的约束下工作的。他们承受着赢利的巨大压力，也从中得到回报。如果你作为客户碰巧也赚钱了，那就太棒了！但是不要欺骗自己，因为你不是他们最关心的。

耶鲁大学首席投资顾问戴维·斯文森与我结识之后，帮助我搞清楚了公募基金行业在为大多数客户提供服务时表现得有多么差劲。斯文森是机构投资领域的巨星，曾因把 10 亿美元的投资组合转变为 254 亿美元而闻名天下，但同时他也是我认识的人当中最亲切、最真诚的人之一。他本来可以随时离开耶鲁大学，创办自己的对冲基金，从而成为一名亿万富翁。但他对母校有着深厚的责任感和服务意识。因此当听到他对许多基金公司虐待客户的做法表示惊诧时，我没有感到丝毫惊讶。

正如他所说的那样："在绝大多数情况下，公募基金从投资者那里榨取巨额资金，对客户造成巨大伤害。"

公募基金应当提供什么样的服务？事情是这样的：在购买某主动管理型基金时，事实上你是在花钱聘请投资经理，并希望他能助你战胜市场、取得收益。否则，你还不如把钱投入低成本的指数基金。

正如你能想象的那样，管理主动管理型基金的人并非傻瓜。他们在中学时数学成绩优异，主修过经济学和会计学，并在世界上最好的大学获得了工商管理硕士学位。他们中的许多人甚至穿西装打领带。他们潜心研究，努力为他们的基金选择收益最高的股票。

既然如此，到底是哪些方面出了问题呢？答案是，几乎所有方面都出现了问题……

人为因素

基金经理们努力通过预测哪些公司在未来几星期、几个月或者几年内表现最好来提升价值。他们能避开或者"减持"他们认为前景不佳的某些企业（或者国家）的股票。如果找不到值得购买的股票，他们就会积累现金，而如果觉得牛市即将来临，他们就会大举投资。但事实证明，与其他人相比，这些专业人士在预测未来市场走势方面没有丝毫高明之处。实际上，人类的预测能力通常很差。或许这就是为什么我们从未见过“算命先生买中彩票”之类的新闻标题。

那些主动管理型基金经理在进行股票交易时，常常会犯很多错误。他们不仅要决定买卖哪些股票，还要决定什么时候买进或卖出。每一个决定都迫使他们做出另外一个决定。他们面临的决定越多，犯错的机会也就越多。

更糟糕的是，所有这些交易的费用都很高。每一笔基金交易进出股票市场时，经纪公司都会收取交易佣金。这有点儿像在赌场赌博：无论输赢，赌场都要收取费用，因此最终的赢家总是赌场！在这个例子中，赌场就是经纪公司［瑞士证券公司瑞银集团（UBS）或者美国银行财富管理部美林证券（Merrill Lynch）等］，每次基金经理进行交易时经纪公司都要收费。日积月累，这些费用逐渐增加。巧合的是，在撰写本章内容时，我正住在拉斯韦加斯的一家宾馆里。这家宾馆是我的朋友史蒂夫·韦恩开的，他经营着几家全球知名的赌场，是个亿万富翁。正如史蒂夫常说的那样，做一个收费的人远比做一个付费的人划算得多。

就像玩牌一样，投资是一种零和游戏：桌子上只有这么多筹码。当两个人交易某只股票时，其中一人必然赢利，而另外一人必然亏损。如果你买入之后股票上涨，那么你就赚钱了。但是，你必须获得足够多的利润来支付这些交易费用。

等等，还有更糟糕的！如果你买的股票上涨了，你还必须在卖出股票时缴纳所得税。对于主动管理型基金的投资者来说，高额的交易费用外加税款就像是沉默的杀手，它会悄无声息地吞噬掉你的基金收益。要想在缴纳税费和交易费之后增加价值，基金经理必须获得相当多的利润才行。不难发现，要做到这一点并不容易。

我们开始谈论缴税的时候，你的眼神是否变得呆滞起来了呢？我知道你心里怎么想的，真的。这不是一个十分有趣的话题，但我们必须弄清楚这个问题，因为生活中最大的支出就是税款，多缴纳不必要的税款是相当愚蠢且荒唐的，尤其是在完全可以避免这一切的时候！如果你不留心，税款会对你的收益造成灾难性影响。下面这个例子有些极端，但非常常见。

假设你在某年 12 月投资了某基金，然后第二天，投资经理卖掉了在过去 10 个月里暴涨的一只股票。由于你现在持有这一基金，因而你将因这些收益收到一张税单，尽管你没有从此次股票飙升中获得一分钱的收益！[①] 没人说这一税法是公平的。

另外一个常见的问题与将资金投入主动管理型基金的时间长短有关。大部分人是在不断进行交易的，他们会在不到一年的时间里卖掉许多投资组合。这意味着你无法从较低的资本收益税率中获益。因此，你无论持有基金多久，都要按照较高的普通所得税税率缴税。

为什么必须留心这一点？因为你的利润可能会大幅削减 30% 甚至更多，除非你把钱存在了税收递延的账户里，比如个人退休金账户（IRA）或者 401（k）账户。基金公司不愿意详细介绍这些税收问题，而更喜欢宣传它们的税前收益，这一点儿也不奇怪。

你可以想象一下，随着时间推移，你 2/3 的潜在储备金被用在了支

① 这被称为资本利得税。尽管你没有获得资本收益，但不得不纳税。长时间持有某基金并不一定能保证长期资本收益。恰恰相反。由于基金经理获得利润，持有某活跃基金意味着每年你都会收到税单，而这些利润通常是按照普通所得税税率征收的。

付费用上，然后你还要拿出另外 30% 支付不必要的税款。如此一来，留给你家庭的还有多少钱呢?

有什么方法可以解决这些问题吗?

指数基金采取被动的方法，取消了几乎所有的交易活动。指数基金不是反复进出市场进行交易的，其只是购买并持有某指数的全部股票，比如标准普尔 500 指数。其中包括了像苹果、谷歌、微软、埃克森美孚和强生这样的公司的股票——它们是目前标准普尔 500 指数中 5 只最大的股票。指数基金几乎完全是自动操作的，很少交易，因此交易费用和税款极低。此外，它们在其他方面也节省了大笔开支。比如，它们无须向那些具有常春藤名牌大学学位的主动管理型基金经理以及他们的分析师团队支付巨额薪酬!

持有指数基金也可以保护自己，免受主动管理型基金经理极有可能做出的错误决定的危害。这些错误决定有的极其愚蠢，有的不够明智，有的只是运气欠佳。例如，主动管理型基金经理可能会把部分基金资产转作现金持有，准备在出现合适机会时进行投资，或者当大量投资者决定抛售基金股份时满足他们的赎回要求。手头持有现金这个主意不错，这些现金在股票市场下跌时随时可以利用。但是现金无法赚得收益，因此时间久了，如果股市一直保持上涨势头，那么基金的收益必然赶不上股票；并且“现金拖累”通常会对主动管理型基金的收益产生不利影响。

指数基金的情况如何?指数基金不会坐拥现金无所行动，而会几乎一直把全部资金用于投资。

如果你现在感觉很愤怒，我表示理解。你可能会问自己:“我投资主动管理型基金到底得到了什么?”最可能的一种情况是你在花钱购买这种人为错误酿成的恶果：高额费用和令人恶心的税单！难怪戴维·斯文森非常怀疑通过主动管理型基金实现财务自由的可能。他提醒道："在支付完费用、缴纳完税款之后，你再看一下自己最终的收益，它几乎不可能超过指数基金带来的收益。"

祝你好运！

为什么很难准确地把握市场时机，很难在恰当的时机进出股票市场，从而从股市高点获益，并避开股市低点造成的损失？很多人错误地认为只要把握住了略高于 50% 的恰当时机，就能够得到回报。但诺贝尔经济学奖得主威廉·夏普进行的一项全面研究表明，所谓成功把握市场时机的投资者，必须能够准确地把握 69%~91% 的时机才可以成功——这几乎是不可能达到的。

在另外一项具有里程碑意义的研究中，研究者理查德·鲍尔和朱莉·达尔奎斯特研究了自 1926 年至 1999 年超过 100 万次的有关把握市场时机的事件。他们得出的结论是：只要留在市场（通过某指数基金）就能够胜过 80% 以上的有关把握市场时机的策略。

一分钱一分货——除非你没有付出

公募基金行业是目前世界上敛财能力最强的行业，这个蕴藏7万亿美元的饲料槽养育的基金经理、经纪人以及其他业内人士不断地大肆榨取这个国家的家庭、大学和退休储蓄金。

——伊利诺伊州参议员、《2004年公募基金改革法案》的共同发起人（该法案被参议院金融委员会否决）彼得·菲茨杰拉德

少年时期，偶尔我会带着女孩儿到丹尼餐馆约会。当时口袋里没多少钱，因而只能点上一杯冰茶，假装自己已经吃过饭了，但实际上是我掏不起两人的饭钱。这种成长过程中的贫穷经历让我对什么东西应该值多少钱和它们实际值多少钱有着敏锐的认识。如果你前往一家豪华餐厅吃上一顿大餐，那你会较易接受这里昂贵的食物，这很正常。但是你会为一份 2 美元的玉米卷支付 20 美元吗？肯定不可能！但我想告诉你的是，这正是大多数人在投资主动管理型基金时的做法。

你是否曾经试图弄清楚自己为所持有的基金支付的确切费用？如果是这样的话，你可能会把注意力集中在基金费率上，其中包括基金公司的投资咨询费用、邮费，以及档案等的管理费用，再加上办公费用，比如汽水和咖啡。典型的投资股票基金公司的费用比值是 1%~1.5%。你可能没有意识到的是这仅仅是公司收取高额费用的开始！

几年前，《福布斯》杂志刊登了一篇精彩的文章，题为“持有公募基金的真正成本”。这篇文章告诉我们基金到底有多么昂贵。正如作者所指出的那样，你不但陷入了基金费率的圈套（该杂志保守估计为不到 1%），而且还要支付高额的交易成本（每次买进或卖出股票时需要支付的全部基金佣金），据《福布斯》杂志估算，交易费用为每年 1.44%。另外还有现金拖累——该杂志的估算结果是每年 0.83%；税费也不容忽视——如果你的基金使用的是普通投资账户，那么预计费用是每年 1%。

最后的费用总额是多少？如果该基金使用的是 401（k）退休金这样

的税收递延的账户，那么每年的总费用是本金的3.17%！如果使用的是普通投资账户，那么每年的总费用将达到惊人的4.17%！相比之下，20美元一份的玉米卷看起来真的是非常划算的！

> 你必须非常仔细地看清投资协议上用小号字体撰写的附属细则。顺便说一句，我不喜欢用小号字体撰写的附属细则。
>
> ——约翰·博格

我希望你从现在开始打起十二分的精神，因为了解所有这些隐藏的费用可以为你省下一大笔钱！但假如你看完这些内容后心里想："说得没错，但我们谈论的不过是每年3%或4%的费用，朋友之间多几个百分点又算得了什么呢？"那该如何是好呢？

费用总计

税收递延的账户	普通投资账户
基金费率：0.90%	基金费率：0.90%
交易费用：1.44%	交易费用：1.44%
现金拖累：0.83%	现金拖累：0.83%
总计费用：3.17%	税收成本：1.00%
	总计费用：4.17%

资料来源：《福布斯》杂志2011年4月4日刊登的文章《持有公募基金的真正成本》

的确，乍看起来这些数字不大，但是如果计算一下多年之后累积起来的高额费用，你就会大吃一惊。

还有另外一种方法可以帮你看得更清楚一些：每年收取3%管理费的主动管理型基金要比每年收取0.05%管理费的指数基金贵上60倍！你可以想象同朋友一道前往星巴克。她要了一大杯拿铁咖啡，花了4.15美元，而你会愿意花上60倍的钱，支付249美元买一杯咖啡吗?！我想你肯定会三思而后行的。

你可能觉得我说得太极端了。既然如此，我们再思考一下两个邻居乔和戴维的例子。他们两人都是35岁，每人都有10万美元的积蓄，并决定用来投资。在接下来的30年间，他们都得到了幸运女神的垂青，每人每年都获得了8%的年平均收益率。乔投资的是指数基金，每年费用为0.5%。戴维持有的是主动管理型基金，每年费用为2%。（在此我已经很慷慨了：假设主动管理型基金的业绩同指数基金的业绩相当。）

看一下图3–1，你就会看到最终的结果。到65岁的时候，乔的储备金从10万美元涨到了大约865 000美元，而戴维的10万美元只涨到了548 000美元。他们的收益率相同，但支付的费用不同。结果，乔多赚了58%的收益；退休金多了317 000美元。

图3–1还表明，如果这两个人退休后每年提取6万美元以维持自己的生活，戴维在79岁的时候就用光了全部资金，但乔的生活则完全不同：他每年可以提取8万美元——比戴维多33%，并且他的钱可以一直用到他88岁的时候。希望乔能让戴维免费住在他的地下室里。

现在你明白为什么需要特别注意自己被收取的费用了吗？这一关键

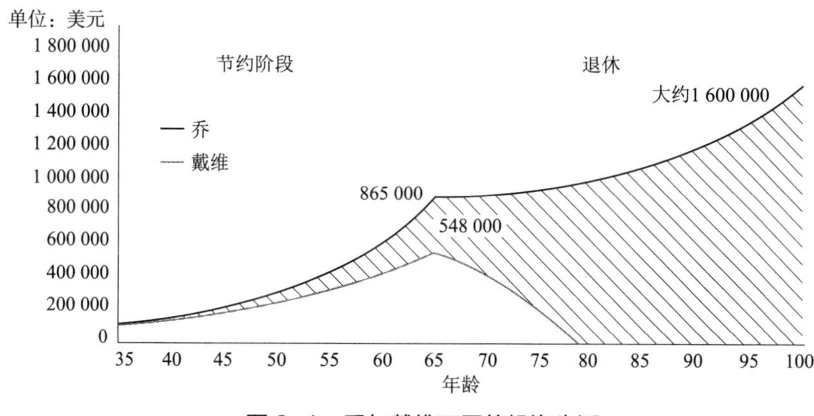

图 3-1　乔与戴维不同的投资生活

因素可能会造成贫穷与舒适、痛苦与快乐之间的巨大差别。

为糟糕业绩多花冤枉钱：五星级陷阱

我这里有一个你可能从未想过要问的问题：人们为何要找一个向你收取高额费用，并为你提供并不令人满意的收益的主动管理型基金经理？实际上，金融服务行业充斥着此类人员。如果说有某样东西供应充足的话，那就是主动管理型基金经理了，他们会为糟糕的业绩向你收取高额费用！

这听起来令人难以置信，因为主动管理型基金不但在向客户收取高额费用，而且其长期业绩还相当糟糕。这就像是双重侮辱一样。你可以想象一下，你刚花了 249 美元买了一杯拿铁咖啡，尝了一口，结果发现里面的牛奶变质了。

我见过的有关公募基金业绩最令人惊讶的研究之一，是由一位名叫罗伯特·阿诺特的行业专家所做的。阿诺特是锐联资产管理公司的创始人。他研究了全部 203 种主动管理型公募基金的收益情况，涉及资产至少 1 亿美元，研究历时 15 个年度，从 1984 年一直到 1998 年。你知道他发现了什么吗？这 203 种基金中只有 8 种的表现超过了标准普尔 500 指数基金，数量还不到 4%！换句话说，96% 的主动管理型基金在 15 个年度里没有增加任何价值！

如果你执意购买主动管理型基金，实际上你是在拿自己的能力赌博，看自己是否能选中战胜市场的那 4% 的基金。这让我想起了刊登在《快速公司》杂志上题为“公募基金的神话”的文章中有关赌博的比喻。其作者奇普·希斯和丹·希斯重点强调了寄希望于选中这 4% 的基金是十分荒谬的：“这就好比是，你在玩‘21 点’游戏时得到了两张花牌（每张花牌的值是 10，因而现在你手里总共的值是 20），此时你内心的那个白痴高喊‘加注’！但你赌赢的概率大概只有 8%。”

我不知道你是怎样想的，反正我是不会让自己内心那个白痴操纵赌局的！因此，我为什么还要考验自己的能力，试图甄别出那些凤毛麟角的能长期战胜市场的基金呢？

你可能意志坚定，热衷于看《华尔街日报》，喜欢研究晨星评级，一心想要找到著名的 5 星级基金，也就是业绩出色的基金。但还有另外一个问题几乎没人能预料到：今天的赢家几乎都会沦为明天的输家。《华尔街日报》曾刊登过一项研究，该研究的时间范围可以一直追溯到 1999 年，其目的是想看一下所有那些被晨星评级评为 5 星级的业绩出色的基金在之后 10 年间的表现如何。“在所有 248 种最初被评为 5 星级的公募股票基金中，10 年后只有 4 种依然保持在这一等级。”有一个专门的术语用来解释这一现象，即均值回归——这是一种委婉的说法，意思是大多数有抱负的人最终都会回归平庸。

遗憾的是，很多人在选择评级高的基金时没有意识到自己正落入购买热门基金的陷阱中——通常它们很快就会降温。对此，戴维·斯文森是这样解释的："没人愿意说'我持有的是1星级、2星级基金'。他们想持有的是4星级和5星级基金，这样他们就可以在公司炫耀、吹嘘一番。但4星级和5星级基金是那些业绩已经很突出的基金，并非业绩将会变得突出的基金。如果你一直购买业绩已经很突出的基金，卖掉业绩糟糕的基金，那么你最终的业绩会很糟糕。"

情况还会变得更糟吗？

众所周知，公募基金公司通常会开设大量基金，并希望其中一些基金能够跑赢大盘，这样它们就可以悄然关闭所有业绩不佳的基金，而重点推销那些表现优异的基金。要知道，它们无法销售过去的劣质基金，不管宣传册做得多么精美。约翰·博格解释道："公司将会成立5个孵化基金，尝试用这5个基金跑赢市场。当然，它们最终可以利用的不是4个，只是其中一个。于是它们放弃了其他4个，并公开它们做得很好、业绩突出的那一个。"

博格又补充道，从统计学角度来看，如果你成立足够多的基金，那么其中肯定会有一些业绩突出的。他对我说："托尼，如果你在体育场中圈养了1024只大猩猩，教给每一只猩猩抛硬币，其中一只会连续10次抛出人头朝上。大多数人称此为运气，但如果在基金行业发生类似情况，我们称这个人为天才。”

所有这一切是否意味着在很长一段时间内击败市场都是不可能的？事实上不是这样的。想要战胜市场相当困难，但总有一些怪才能在几十年的时间里跑赢市场大盘一英里[①] 远的距离。这些超级巨星就是像沃伦·巴菲特、瑞·达利欧、卡尔·伊坎和保罗·都铎·琼斯这样的人物。他们不但聪明绝顶，而且性格健全，能让自己保持镇静和理性，即使在市场出现崩溃，大多数人开始丧失理智的时候，他们也是如此。这些人之所以成功，是因为他们做出的每一个投资决定都是根据自己对概率的深刻理解，而不是基于感情、愿望、运气。

但是这些怪才中的大多数人都经营着规模庞大、不对新投资者开放的对冲基金。比如，瑞·达利欧过去还接受新投资者的资金，条件是他们的资本净值至少为 50 亿美元，并且委托给他的资本至少是 1 亿美元。如今他不再接受任何新投资者，无论你家中的床垫下面藏了多少亿美元！

在被我问及长期战胜市场有多困难的时候，达利欧没有任何回避。他告诉我：“你无法战胜市场。市场竞争远比奥运会夺冠困难得多，因为太多人想要胜出，而一旦胜出，报酬也要大得多。同奥运赛场的竞争一样，在市场竞争中，成功者的比例非常低。但与奥运会夺冠不同的是，大多数人认为他们能够战胜市场。在企图战胜市场之前，你一定要认识到自己取胜的机会极其渺茫，然后问一下自己是否愿意花费时间进行训练，准备成为为数不多的胜利者之一。”

① 1 英里≈ 1.609 千米。——编者注

当一位曾真正战胜市场数十年的投资天才给你的忠告是，不要煞费苦心地尝试战胜市场，而应当坚持投资指数基金，那么你就不得不重视可能出现的风险。

沃伦·巴菲特曾战胜过市场并且获得了巨额利润，但他也建议普通投资者投资指数基金，以避免缴纳高额费用。他认为几乎所有主动管理型基金在长时间内的业绩都比不上指数基金。为了证明自己的观点，他在 2008 年同纽约的门徒投资合伙公司对赌了 100 万美元，赌该公司挑选的 5 只顶尖的对冲基金在 10 年内不能跑赢标准普尔 500 指数。

结果如何？ 8 年之后，《财富》杂志报道称，这些对冲基金只上涨了 21.87%，而标准普尔 500 指数基金上涨了 65.67%！比赛尚未结束，但就目前来看，这些主动管理型基金看起来就像是“两人三足赛跑”中的选手，试图追上世界上跑得最快的人——尤塞恩·博尔特。

与此同时，巴菲特宣布自己已经留下遗嘱，在他去世之后，托管给妻子的资金必须投资于低费用的指数基金。对此他是如何解释的？他说：“我相信根据现行政策，该信托基金的长期业绩将优于大多数投资者的业绩——无论他们投资的是养老基金、机构基金还是个人基金，因为它们雇用的都是费用昂贵的基金经理。”

即使在坟墓中，巴菲特也要坚决避开高额费用的侵蚀！

在2016年写给股东的信中，巴菲特抨击了富人和“老谋深算的人”寻找业绩出众的经纪人式的做法。根据他的估算，“在过去10年内，社会精英们寻求最佳投资建议的做法总计大约浪费了1 000亿美元”。巴菲特的指责并没有就此结束，他说：“富人习惯性地认为他们在生活中就该得到最好的食物、教育、娱乐、住房、美容服务、球票等，凡你能说得出的都该如此。他们认为他们的钱应当为他们带来比普通大众能得到的更好的东西。（他们）非常不情愿接受普通百姓投资几千美元就可以得到的金融产品（指数基金）或者服务项目。”上述内容都来自巴菲特这位奥马哈先知看似非常简单、实则非常睿智的教诲。

你是否记得之前我曾告诉你，知识只不过是潜在的力量？只有当你掌握并利用自己的知识时，你才能具有真正的力量。在本章中，你了解了费用对自己投资未来的巨大影响，但是掌握了这些知识之后你会如何行动呢？你又如何根据这些知识采取行动并从中受益呢？

我们暂时假设你停止购买收取高额费用的主动管理型基金，并开始投资低费用的指数基金，那么结果如何？根据我的估算，起码你可以每年省下1%的基金管理费用。但正如你知道的那样，这并非转向指数基金的唯一好处。**让我们想象一下，你购买的指数基金的业绩超过了那些主动管理型基金，每年超出1%。总的算下来，你的年收益率就增加了2%。这一项就可以给你带来20年的额外退休金收入。**[①]

现在你明白自己手中用以掌控自己财务未来的力量多么强大了吗？你

① 在这个假想的例子中，两个投资者一开始的投资额都是10万美元，30年中的年平均收益率都是8%，但费用分别是1%和2%。假设他们退休后开始领取相同数额的退休金，那么支付2%费用的投资者会比支付1%费用的投资者早10年领完退休金。

可以拥有这种力量并利用它大幅削减费用。这对于变得信念坚定，并赢得投资大有裨益。

好了，让我们喘口气休息一下。接下来我们将进入另外一个领域，你可以在其中省下一大笔钱。这就是401（k）退休储蓄计划。继续读下去……我们将踏上新征程，拯救你的退休账户。

第 四 章

拯救我们的退休储蓄计划

那些退休储蓄计划不想让你知道的事实

始于 1984 年的 401（k）退休储蓄计划是一项伟大的发明，其为我们这样的普通人提供了创造财富的机会，方法是将我们工资中的一部分直接存为退休账户中的免税资金。这是一个多么了不起的创意！我们有了这样的机会也就开启了我们的美国梦，我们可以投资我们的未来，为实现财务自由承担全部责任。如今，将近 9 000 万名美国人参与了 401（k）退休储蓄计划。客观来看，只有 7 500 万名美国人有自己的房子。现在 401（k）退休储蓄计划中的投资额超过了 6 万亿美元，成为保障美国人财务安全最重要的工具。

但是，你知道实际情况是什么样子吗？在实施这一计划的过程中，梦想偏离了轨道。面对数万亿美元的巨额诱惑，金融公司挖空心思，想出了无数办法，试图从中分得一杯羹。这是美国创新天赋中丑陋的一面！它将美国人置于巨大压力之下，美国人不得不学会保护自己，免受那些唯利是图者的危害。

你或许不太相信这些，但在将近 30 年的时间里，法律甚至没有要求提供 401（k）退休储蓄计划的公司公布其收取了客户多少费用！ 2012 年，政府终于要求这些公司详细公布它们从你的储蓄中收取了多少费用。在其他行业中消费者能容忍这种“只管相信我”的经营作风吗？你能想象服装店中没有衣服价签吗？你能想象在计划度假出行时，航空公司和宾馆在不通知你的情况下就自行决定从你的银行账户中扣除多少钱吗？

毋庸置疑，金融公司能抵制住诱惑，不会利用信息不公开这一点发不义之财，因为它们深知经营我们的退休金是一项神圣的事业，这纯属在开玩笑！它们当然会利用这一点发财的！

现在法律变了，你猜问题解决了吗？几乎没有！ 401（k）退休储蓄计划依然是一个复杂的黑匣子。如今，金融公司提供的公开文件通常长达三五十页，里面充满了令人费解的文字。让这些公司感到惊喜的是，没有多少人会把他们整个周末的时间用来阅读这些复杂难懂的文件。大多数参与退休储蓄计划的人不会深究条款中的细则，而是完全相信他们的老板会为他们把关，而大多数老板则信任那个在打高尔夫球时向他们推销这一计划的经纪人。值得注意的是，71% 的参加 401（k）退休储蓄计划的人认为该计划是没有费用的，92% 的人则承认根本不知道费用之说！但事实是，绝大多数的计划都有巨额的经纪佣金、昂贵的主动管理型基金以及一层又一层额外的费用，而这些常常是被隐藏的。

罗伯特·希尔顿·史密斯是一家名为 Demos 的智库的资深政策分析师，他颇费了一番功夫，仔细研究和解读了他自己的 401（k）退休储蓄计划中 20 只基金的招募说明书，他在纷繁复杂的法律术语和令人困惑的首字母缩写中摸索前行，最终写出了一篇报告《吸干你的退休养老金：401（k）账户的隐藏成本和额外成本》。他发现了什么？像你我这样的顾客，必须支付 17 种不同的费用和附加费用！

需要弄清楚的一点是，我们在此所指的并不是你的 401（k）退休储蓄计划中的公募基金向你收取的高得离谱的费用。我们指的是，负责管理你的 401（k）退休储蓄计划的公司收取的额外费用。这些管理公司通常是保险公司或者工资单供应公司，但是你可以把它们想象成另一群收入丰厚的收费员。

你不得不向这些管理者缴费，因为在巧立名目榨取你的 401（k）退休储蓄金方面，它们可谓是足智多谋。在此我们简单列举一下它们发明的名目繁多的收费项目：投资管理费、通信费、开户费、管理费、托管费、法律服务费、交易费以及管家费。它们为什么不再加上一项“费用费”?!

我总是惊讶于管理者公开披露的文件的细则中隐藏的信息——那些晦涩难懂的术语完全掩盖了它们对你的所作所为。例如，你会经常看到一些故意而为的毫无意义的术语，比如净资产费、资产管理费、合同资产费、AMC 费或者 CAC 费。一家大型保险公司更是厚颜无耻地增加了一项规定收益。谁规定的？目的为何？这是为了让公司总裁买游艇吗？

所有这些费用会让你付出多少？希尔顿 · 史密斯对 401（k）退休储蓄计划中这些额外费用的影响做了一番计算，研究对象是年收入大约 3 万美元的普通工人，这些人每年把年收入的 5% 用于储蓄。终其一生，这些工人在各种费用方面的损失将达到 154 794 美元，总额超过他们 5 年的收入。年收入 9 万美元左右的工人在 401（k）退休储蓄计划中费用方面的损失则为 277 000 美元。

我们都清楚，对于大多数人来说为退休攒钱有多么艰难，他们需要做出很大牺牲。但高额费用能够轻易地毁掉他们的所有努力。有些计划把高额费用提升到一个全新的层次。一些公司不满足它们当前的收益，于是对所有初始存款收取首次认购费用。我们所见过最恶劣的做法是它们对你存入的每一美元收取高达 5.75% 的费用。这就像是对经营这些公司的企业恶鬼缴纳的什一税；再加上它们收取的 2% 的年度管理费，你从一开始就损失了 7.75% 的本金。

可怜的是，教师、护士以及非营利机构的员工成了这种贪婪榨取行为最大的受害者。这是因为这些人的 403（b）计划不在《员工退休收入保障法案》（ERISA，1974 年通过）的覆盖范围之中，该法案（至少从理论上来说）旨在保护员工的利益。一想到为社会进步做出巨大牺牲的这些人受到那些脑满肠肥、奢华无度的经纪人的盘剥压榨，我就感到万分痛心。

在《纽约时报》刊登的一篇文章《你认为自己的退休储蓄计划很糟糕？找个教师聊聊吧》中，记者塔拉·西格尔·伯纳德干了一件非常漂亮的事：他披露了这些可怜的人是如何被打劫的。他在可以想象到的最可怕的场景中这样写道："除了每次储蓄要缴纳 6% 的手续费外，每名教师还至少要缴纳他们储蓄额 2% 的费用，用于管理这笔钱……并且，这些费用还不包括他们投资的几十只公募基金收取的费用，其中有的费用超过 1%。"

算起来，单单第一年的费用就高达 9%。这不是投资之舟出现了一个小漏洞，而是整个船尾撕裂开来。

这就是一定要弄清楚金融行业是如何欺骗你的原因。熟悉内幕是你的第一道防线，因为如果不了解威胁的存在，那么你又如何能够保护自己的财务免受威胁呢？

有个人跟我一样，对 401（k）退休储蓄计划中的高额费用感到非常愤慨，此人就是喜剧演员约翰·奥利弗。他曾在其 HBO 脱口秀节目《上周今夜秀》中对这一问题进行过调查。他的研究团队中的成员在仔细分析了自己的 401（k）计划后发现，他们的账户管理人收取的费用高达每年 1.69%，其中还不包括投资主动管理型基金时需要缴纳的高昂费用。奥利弗向人们解释了“看似微不足道的费用是如何一点点累积起来”，最终“让你损失了原本收益将近 2/3 的资金的”。他警告说：“各种费用就像白蚁一样，看起来很小，几乎注意不到，但能一点点吞噬你的未来。”

正面我赢，反面你输

让所有这一切如此令人失望的原因是，如果执行得当，401（k）退休储蓄计划本来应当是创造财富的有效工具。但实际上，大多数计划充斥着不透明的收费条目和利益冲突。2015 年，奥巴马政府宣称，“隐性费用和不正当的收费”每年耗费了美国人 170 多亿美元。美国劳工部部长托马斯·E. 佩雷斯曾经说过：“条款细则和隐藏费用的侵蚀作用就像慢性病一样吞噬了人们的储蓄。”

2016 年年初，美国国会通过了旨在迫使账户管理人按照最符合客户利益的方式采取行动的新法律。但遗憾的是，议员们努力推动的法律并没有起到相应效果。例如，401（k）退休储蓄计划的经纪人依然在收取佣金、推销他们自己的高价名牌基金、提前收取销售费用等。一切如故。

如果你问我，我可以告诉你，最恶劣的一点在于，几乎所有知名账户管理人通常都接受它们在401（k）退休储蓄计划中提供的公募基金的回扣。这种合法却卑鄙的做法被称为收入共享或付费参与。这相当于在商店里购买一个货架以储放顾客本应避免的劣质产品。

结果如何？你从你的401（k）退休储蓄计划中选择的许多基金之所以榜上有名，是因为它们付钱给供应商，让账户管理人将其列入名单之中！这些基金通常都是主动管理型的，因而价格不菲，并且几乎都表现平平。在有些情况下，它们甚至收取首次认购费：这笔费用通常占你本金的3%，需要你在首次购买基金时支付。

既然如此，在投资自己的 401（k）退休储蓄计划时为何不只选择低费用的指数基金？这个问题问得好！问题在于，大部分账户管理人并不愿意提供指数基金。原因何在？因为对账户管理人来说，指数基金的利润不高，因而它们宁可将其从名单中剔除，如果它们能逃脱惩罚的话。如果你在为一家规模较小的公司工作，你很有可能被迫投资那些费用较高的基金。事实上，93% 的 401（k）退休储蓄计划的资产总额不超过 500 万美元。这些计划的客户大多是一些中小型公司，它们不具备为其员工争取更好投资选择的能力。然而，因为他们在中小型公司工作就惩罚他们的做法，是完全不公平的。

一些 401（k）退休储蓄计划的账户管理人也为一些小型计划提供指数基金，但通常会提高费用。举个例子，一家大型保险公司提供一只标准普尔 500 指数基金，费用占比为每年 1.68%，而实际费用只有 0.05%，费用提高了 3 260%！大家可以这样思考一下：你的朋友以市场价 22 000 美元买了一辆本田雅阁，但你被迫支付了 3 260% 的费用，同样一辆车你花了 70 多万美元！欢迎来到高级金融世界！

另外一家知名保险公司对购买某只先锋指数基金向客户收取 3% 的销售费用，并收取该基金的年度费用 0.65%——仅这一笔就攫取了1 300% 的利润。它们其实就是“白领强盗”：残忍的暴徒明目张胆地来到你的小公司，把你揍一顿，然后收取保护费。唯一的理由就是你有钱，而他们想要钱。

与此同时，一些账户管理人允许你开设自己的“自主型”401（k）退休储蓄账户，如果你想要购买低费用的指数基金或者想要管理你自己的投资的话。这听起来是一个不错的选择，对不对？我的一个朋友也是这样认为的。他开设了一个自主型账户，购买了一些指数基金，暗自庆幸自己躲过了 401（k）退休储蓄计划中所有费用高得离谱的主动管理型基金。但之后他发现账户管理人每年会向他额外收取 1.9% 的费用，理由是他享受了自主型账户带来的便利！换言之，正面你输，反面我赢。

很多 401（k）退休储蓄计划的供应商最后都采用了这些行业惯用伎俩。我在撰写本书的时候，至少 10 家供应商因为向自己员工收取 401（k）退休储蓄计划的高额费用而被起诉。其中最大的一家供应商不得不花 1 200 万美元了结两起集体诉讼案。这就好比是，我们前往一家饭店后，发现服务员和厨房工作人员都拒绝吃大厨做的饭菜！当内部人员都不喜欢自己公司推销的产品时，我们是否还要面带微笑地认为该产品对我们非常有好处呢？

我之所以对这种事情感到非常愤慨，是因为我对那些厚颜无耻的 401（k）退休储蓄计划的供应商十分了解，我亲眼看到它们是如何轻易得手的。当我开始注意到美国的公司都在大肆侵害员工的利益时，我就给我的一家公司的人力资源部经理打电话，详细地询问有关我们提供给自己员工的 401（k）退休储蓄计划。我一直把员工看作家人，当时我希望确保公司能一心一意地关爱他们。

让我感到恐怖的是，我发现我们由一家大型保险公司负责管理的 401（k）退休储蓄计划充斥着昂贵的公募基金、高昂的管理费用以及支付给向我们推销该计划的经纪人的高额佣金。全部算下来之后，我们这个 401（k）退休储蓄计划每年的总费用是 2.17%。久而久之，这些费用将大量地侵蚀我们的员工为将来辛辛苦苦攒下的钱。得知真相后，我简直惊呆了。

于是我开始四处寻求解决办法。经过多方调查之后，一个朋友介绍我认识了汤姆·兹甘乐，他是一家名为“美国最佳 401（k）”公司的首席执行官。正如大家想象的那样，我非常怀疑：有何理由能让我相信他的公司能不辜负这个不太谦逊的名字？但不久我发现他所言非虚，他一心想要改变行业内的不当做法。汤姆告诉我，401（k）计划行业是“美国最脏的资金池，没人真正知道哪些黑手如何从中受益”。

相比之下，美国最佳 401（k）公司是完全透明的。例如，汤姆对那种付费参与的卑鄙做法没有兴趣，他不会因公募基金公司许诺的回扣而销售高价基金，只是提供价格不贵的指数基金，比如先锋领航集团和三维基金公司的一些产品。汤姆的公司只收取一种固定费用——不会上涨，公开透明。这是一种完全彻底的解决办法，它能清除经纪人、佣金以及高薪中间人等所有环节。

我很高兴地告诉你，我当即将自己公司的原有计划转变成了美国最佳 401（k）公司实施的新计划。我们新的 401（k）计划的全部费用（包括投资费、投资管理服务费和档案管理费）仅为每年 0.65%。这可以节省我们每年费用的 70%。日积月累，我就可以把 500 万美元重新装进我员工的口袋里。对于实施这种转型的公司，汤姆不收取一分钱的费用。

我深受触动，于是把许多朋友介绍给美国最佳 401（k）公司。令我欣慰的是，他们都很兴奋。这也难怪，因为汤姆的公司为普通客户节省了 57% 的费用。我非常激动，决定同汤姆合作，完成其拯救数百万人 401（k）退休储蓄计划的宏图大业。是时候打破这一行业对我们家庭的残忍剥削了。

无论你是企业老板还是员工，你都可以使用 www.ShowMeTheFees.com 网站上的免费在线费用检查工具，来查看自己公司的 401（k）退休储蓄计划的收费情况。该工具能够分析你的计划，并快速计算出你被收取的费用。企业老板可以更进一步地提供他们的费用清单，让员工了解其中更多细节。最重要的是，这种快捷处理方法也能让你知道从长远来看，通过转投更好的计划可以为你节省多少费用。如果你在数年内节省了数万美元，我也丝毫不会感到惊讶。

我曾与自己的牙医朋友克雷格·斯波达克医生谈起过这件事。他手下有 40 多名员工，他希望能确保这些员工不受欺诈剥削。我不想在此提及供应商的具体名称，因为这些问题比较普遍，并不局限于少数公司。但当克雷格告诉我那家为其提供 401（k）退休储蓄计划的声名狼藉的公司的名字时，我禁不住感到十分不安，并立刻给出了我的诊断：必须马上拔牙，否则只能越来越疼。

我让克雷格联系我在美国最佳 401（k）公司的合作伙伴。几分钟的时间，克雷格用电子邮件发送了自己 401（k）计划的费用清单表格，而他们通过深度分析马上向他提供了费用明细。克雷格对分析结果十分惊讶，原来自己的计划中有这么多昂贵的公募基金，以及额外的高额合同资产费用。他与自己员工为这一糟糕的计划支付的费用总额高达每年 2.5%！突然间，克雷格明白了自己的经纪人为什么时常会给自己带甜甜圈作为礼物，以及为什么那个家伙总是乐得合不拢嘴！

因此，当听到克雷格解雇了自己的经纪人，抛弃了原有计划的供应商，转而将计划委托给美国最佳 401（k）公司的时候，你是不会感到惊讶的。

大家在下面这个表框中可以看到，公司老板需要醒悟——就像我和克雷格那样，只有这样才能确保自己的员工不受剥削，否则就要付出高昂代价，不单对员工如此，对老板也是一样的。

你如果是一名员工，在使用了费用检查工具之后，就可以向自己的老板或者上级领导提交检查报告。他们一旦了解了其中的真相，很可能就会想改善你们的401（k）退休储蓄计划。因为毕竟，他们的投资未来也处于危险之中。

企业老板注意了！请拿出3分钟时间弄清楚自己如何才能保护自己和公司免受劳工部的惩罚：

如果你拥有或经营的公司提供401（k）退休储蓄计划，那么你就被正式视为该计划的赞助人——无论你知情与否。这意味着你在法律上有义务充当计划和员工的受托人，你必须为他们的最佳利益着想。如果涉嫌违法，你就很可能要承担主要责任，这可能损害你的企业，甚至你的个人利益。这有些类似于你拥有一所结构不安全的房子：可能几年都没问题，然后在某一天突然倒塌。因此，如果置之不理的话，后果自负。

你应当怎么办呢？首先，你需要向劳工部证明自己一直在采取必要措施，以履行自己作为计划赞助人的责任，其中包括定期将自己的计划同其他计划进行比较，从而确保自己的计划被收取的费用是合理的。与我交流过的大多数企业老板对这种义务一无所知。这很可能导致他们面临劳工部的严惩。2014年，劳工部认定其检查的计划中75%是不合法的，结果，平均罚款60万美元。

这还仅仅是惩罚的开始。你还将面临另外一种风险：你自己的员工可以以个人名义起诉你。2015年，美国最高法院对能源巨头爱迪生国际公司做出了一项重大裁决。该裁决使得 401（k）计划的参加者可以更容易起诉他们的老板，只要老板选择了高额费用的投资计划。小型企业更是不堪一击——这不仅因为它们难以支付高额罚款，还因为它们通常选择的是规模较小的 401（k）退休储蓄计划，而这种计划的费用通常最高。

有一个切实可行的方法可以为你省下巨额资金，那就是与我在美国最佳 401（k）公司的合伙人联系，请他们为你提供免费的计划评估。而这一切所需要的仅是用几分钟时间，向他们提供你的计划的费用明细。这种比较结果能向劳工部证明你是在严格履行自己的法律责任。而更好的是，许多公司发现它们可以轻松地将其计划费用减半，甚至更多。如果是这样的话，你和你的员工在未来的岁月中就能享受巨额收益。

www.showmethefees.com

接下来我们讨论什么内容？在转而关注投资指南之前，我们还有另外一个重要的问题要讨论：如何找到经验丰富、没有冲突的投资顾问，以加速实现投资成功。

你将学会如何避开所有那些满嘴假话的销售人员——他们依靠自己提供的所谓建议快速敛财，受益的是他们自己，而不是你。你将看到，是否选择合适的投资顾问意味着不同的结果：贫穷和富裕、危险与自由。决定权归你。

所以，让我们仔细看一看：你到底应当相信谁？

第五章

到底应当信任谁？

揭开行业中坑蒙拐骗者的面纱

> 如果一个人的收入取决于他对行业的不理解，那么难以让此人理解行业中的奥秘。
>
> **——美国作家厄普顿·辛克莱**

每当我问及他人过得怎么样的时候，得到的最多的回答是“忙”。的确，如今我们都比以往更加步履匆匆，因此我们中越来越多的人开始聘请投资顾问引导我们度过复杂的投资历程、实现财务自由。这不再令人感到惊讶。从 2010 年到 2015 年，聘用投资顾问的美国人比例翻了一番。事实上，超过 40% 的美国人现在正在聘用投资顾问。你的钱越多，就越应该寻求建议：81% 的拥有 500 万美元以上资产的人都有投资顾问。

但是，你如何才能找到自己信任的投资顾问？哪些人值得你信任呢？

令人震惊的是，很多人并不信任为自己提供投资建议的人！注册金融分析师标准委员会 2016 年所做的一项调查显示，60% 的受访者“认为投资顾问是在按照公司的最佳利益行事，而不是消费者的最佳利益”。这一数字是从 2010 年[①] 的 25% 开始飙升起来的。美国国会目前的支持率只有可怜的 20%[②]，但只有 10% 的受访美国人信任投资机构。难以想象在其他任何行业中，顾客的疑虑能如此之高——可能除了二手车行业外吧。

是什么导致了人们这种不信任心理蔓延呢？没错，我们难以完全信任某行业，如果这个行业不断地被爆出一桩又一桩丑闻。看一下下面这个“耻辱柱”黑名单，你会发现全球最大的 10 家金融公司在 2009 至 2015 年这短短 7 个年度里不得不支付 1 795 亿美元的法律和解费。其中，美国银行、摩根大通银行、花旗银行和富国银行这 4 家最大的银行为 88 起案件支付的和解费用总额高达 1 458.4 亿美元！

表 5-1 “耻辱柱”黑名单公司和解情况

公司名称	和解总次数	支付金额（单位：亿美元）
美国银行	34	770.9
摩根大通银行	26	401.2
花旗银行	18	183.9
富国银行	10	102.4
法国巴黎银行	1	89.0
瑞士联合银行	8	65.4
德意志银行	4	55.3
摩根士丹利公司	7	47.8
巴克莱银行	7	42.3
瑞士信贷银行	4	37.4

资料来源：KBW 投资银行

① 数据来自美国退休计划参与者联合会调查报告《参与者信任与参与研究》。

② 数据来自盖洛普公司调查报告《国会工作支持率走向（1974 年至今）》。

这些法律和解背后的一些故事着实令人大跌眼镜、难以置信。下面是过去几个月内 4 则新闻的内容：

- 《美国银行支付 4.15 亿美元以了结美国证券交易委员会（SEC）的调查》：《华尔街日报》报道说，该银行下属的美林证券经纪公司"滥用客户的现金和证券（为自己）创造利润"，其将高达 580 亿美元的客户资产置于风险之中。
- 《花旗银行在涉嫌操纵利率的调查中被处以罚金，但躲过了刑事起诉》：《纽约时报》报道，该银行因为在 2007—2012 年间操纵基准利率被罚款 4.25 亿美元。花旗银行这样做的动机是："以损害其贸易伙伴和客户的利益为代价，使其本身的交易仓位受益。"
- 《巴克莱银行前员工因操纵伦敦银行同业拆借利率获罪》：《今日美国》报道，3 名巴克莱银行前员工合伙"操纵用于为数万亿美元抵押贷款和其他贷款设定利率的全球金融基准利率"。你听明白了吗？那是数万亿美元，万亿啊！
- 《富国银行因涉嫌欺诈性开户被罚款 1.85 亿美元》：《纽约时报》报道，该银行员工在未经客户同意的情况下，"开设了大约 150 万个银行账户，申请了 565 000 张信用卡"。富国银行开除了至少 5 300 名卷入这一丑闻的员工。

你怎么能够将自己的投资未来交到这些人的手中呢？他们所从事的这个行业的一个突出特点就是，员工将其自身利益置于客户利益之上。你如何能指望他们不出卖、剥削和欺骗你呢？

其实，这些银行并非唯利是图、不守信用的边缘运营商。它们是，或者说曾经是一些最受人尊敬、最可靠的行业巨头。例如，长期以来，

富国银行一直被誉为世界上经营最好的银行之一。然而，该银行的首席执行官却由于公司开设虚假账户，被迫灰溜溜地辞职，并被没收了价值 4 100 万美元的股票期权，这些期权是他之前的业绩奖励。

现在我要彻底地表明我的观点。我并非在批评在这一领域工作或者为这些具体公司工作的人。我很怀疑富国银行的首席执行官是否真的了解，自己掌管的这家有着 25 万多名员工的大公司内部的这种广泛存在的不法行为。对于有些人来说，监管如此庞大的公司是几乎不可能完成的艰巨任务。我在金融行业有很多朋友和客户，因此我所说的都有直接证据。他们以及他们的大部分同事为人都很正直，而且心地善良。

但问题是，他们的工作机制超出了他们的控制范围，该机制具有强大的经济刺激能力，总是将利润最大化放在首位。这一机制会给予那些将老板利益放在首位，自己个人利益放在第二位，客户利益放在第三位的员工以丰厚的回报。对于你我这样的普通百姓来说，这是灾难的根源——除非我们采取预防措施，了解这个制度是如何伤害我们权益的，并学会与之对抗。

你们可以信任我……我会利用你们的！

在继续讨论之前，我有必要介绍一下在这个渴求利润的体制中，投资顾问的位置在哪里，以及他们具体做什么工作。在他们所处的行业中，没有什么东西与某表面上看起来的一样。因此，他们自然会有许多不同的头衔，这常常让人一头雾水，受其误导。

据《华尔街日报》消息，投资顾问有200多个不同头衔，其中包括金融顾问、财富经理、财务顾问、投资顾问、理财顾问以及（为了显得更高端大气上档次而被称呼的）私人理财顾问。尽管名称不一，但殊途同归，它们都在告诉人们："在下名满江湖，专业能力登峰造极，尽可以信任我！"

无论什么头衔，你真正需要知道的是，美国大约31万名投资顾问中，90%的人实际上都是经纪人。换句话说，他们都是靠向我们这样的顾客推销投资产品过活的。

为什么这一点很重要？因为推销昂贵的投资产品符合经纪人的既得利益，这些产品可能包括主动管理型基金、终身人寿保险、变额年金保险以及保管账户。通过推销这些产品，他们通常会获得一次性销售佣金，或者（对于他们来说）更有利的持续年金。大公司的经纪人可能每年需要推销至少 50 万美元的产品，因此他们的头衔多么花哨无关紧要：他们其实都是承受着巨大压力、需要创造收益的推销员。如果自称财务顾问或私人理财顾问能帮助他们完成极具挑战的销售目标，那就这么叫吧。如果自称巫师、小仙子或者小精灵更有帮助，那也没有什么不可以。

这是否意味着他们不诚实？并非如此。不过这的确表明他们是为公司工作的。记住，公司总是最后的赢家。有可能你的经纪人为人真诚，也很正直，但他所推销的产品是公司要求他推销的——你必须谨记，无论他推销什么产品，首先受益的一定是公司。老到世故的客户都知道，这是标准操作程序：一项调查发现，42% 的富有客户认为他们的投资顾问更在意的是推销产品，而不是帮助他们赚钱！

沃伦·巴菲特曾开玩笑道，永远不要问理发师自己是否该理发了，而经纪人就是金融界的理发师。公司训练他们、鼓励他们推销产品，无论你是否需要他们推销的产品。这并不是批评，事实就是如此。

我还想阐明的一点是，我并非在批评或妖魔化雇用这些经纪人的金融公司。这些公司难道不也参与了这些愚蠢、不道德的非法勾当吗？没错。不过它们并非那么邪恶或恶毒。它们从未试图蓄意破坏全球经济体制！这些公司只是做了它们被鼓励去做的事情，即满足股东的需要。股东需要什么？更大的利润。怎样才能创造更大的利润？更多的费用。如果存在这些公司可以用来创造额外费用的合法灰色地带，它们一定会加以利用，因为这就是它们被鼓励去做的事情。

你可能希望所有那些影响恶劣的法律和解事件能起到震慑作用，能促使这些公司收敛它们的行为。但对于行业巨头来说，这些处罚可以说微不足道。美国银行因为滥用客户资金被处以4.15亿美元的罚款，数额够大了吧？该银行2015年一个季度赚得的利润是53亿美元，这才仅仅用了12周的时间！对于此类富可敌国的公司来说，那些零星的罚款只不过是一笔普通的经营成本而已——类似于我们收到的一张违规停车罚单。

这些公司不但没有改变它们的经营方式，反而投入更多精力，借助漂亮炫目的广告打造自己的品牌——其中白帆点点、沙滩漫步的梦幻画面让人怦然心动。为什么我要跟你讲这些呢？因为我们习惯于受品牌的控制，因此需要打破这种控制，用更具批判性的眼光看待现实，而不是假象。否则，我们如何能够保护自己免受这种以自我利益为驱动的强大机制的伤害呢？

我对金融体制的恶劣行径感到十分愤怒和悲哀，但愤怒和悲哀无法保护你不受压榨和剥削。只有了解该体制是如何侵害你利益的才能使自己免受侵害。如果你不清楚投资顾问的动机，你很可能就会为他未来的财富做出巨大贡献，但同时对自己的投资收益造成巨大损失。

本章将告诉你如何越过这片雷区。你将学会辨别3种不同类型的投资顾问，这样就可以避开推销型顾问，从而选择一个遵守法律规定的为你的利益着想的受托人。我们还将为你提供一套标准，用以判断某个具体的投资顾问是否适合你，其根据是事实，而不是此人有多么讨人喜欢。要知道，我们很容易被自己喜欢的人说服，尤其当他们表现得很真诚的时候。记住，人能够表现得很真诚，但真诚并不代表其是合适的人选。

也许你在犹豫自己到底需不需要一名投资顾问。如果你决定自己投资，那么本书以及《钱》那本书可以帮你走上正确的投资道路，实现你的投资目标。但根据我自己的经验，最佳投资顾问能带来超凡价值，其能在投资、税务、保险等各个领域为你提供帮助。他们提供的全方位建议可以说极具价值。你如果不相信，可以仔细阅读下面先锋领航集团所进行的这项研究。

我认为，得到一流的建议能够改变投资游戏的走向，为我节省大量的时间和金钱。我这个人还算能力突出，也比较自豪，因为我能够理解我所参与的任何事情中最重要的那些原理。尽管如此，我还是不会为自己进行大脑外科手术！

怀疑合适的投资顾问的作用吗？

不合适的投资顾问会危害你的财务安全，合适的投资顾问可以带来真金白银的收益。最近先锋领航集团的一项研究准确地探讨了投资顾问能够给你带来的投资收益。

- 降低费用比例：节省45个基本点（0.45%）
- 重新平衡投资组合：业绩增加35个基本点（0.35%）
- 资产重组：业绩增加75个基本点（0.75%）
- 从退休储蓄中提取适当金额：储蓄增加70个基本点（0.70%）
- 投资行为指导：担任你的应用心理学家——增加150个基本点（1.50%）

总计增加3.75%的价值，这是资深投资顾问收费的3倍。

资料来源：Francis M. Kinniry Jr.et al., *Putting a Value on Your Value: Quantifying Vanguard Advisor' s Alpha*, Vanguard Research(September 2016).

没有胜算的赌局

其中一个和另一个不一样。

——“大鸟”拉里·伯德

你是否产生过那种令人不安的怀疑：对方没有告诉你全部真相，你无法确切地说出自己为什么不相信对方，或者他到底是如何对你撒谎的。这种感受同你寻求投资理财建议时的感受是类似的。你如何判断向你提供帮助的那个人是否为一名真正的行家？当这么多头衔各异、形形色色的人都在向你提供可能的解决方案时，你又该如何入手？

快刀斩乱麻，我在此尽可能地简明扼要、直奔主题。实际上，所有投资顾问都属于下面这三种类型中的一种。你真正需要明白的就是你的投资顾问属于哪种：

- 经纪人
- 注册投资顾问
- 拥有双重身份的顾问

下面，我们逐个详细讨论，这样你就能确切地知道自己面对的是什么人了。

经纪人

我在前面提到过，美国大约90%的投资顾问都是经纪人，无论他们名片上的头衔是什么。他们推销投资产品，赚得费用或佣金。其中许多人为华尔街的大银行、经纪公司和保险公司工作——就是那些把其名字印在体育场上进行广告宣传的大公司。

你如何确保经纪人推荐的产品最适合你呢？我要指明一点：经纪人不一定向你推荐最好的产品。什么？！是的，你没听错。他们所需要做的一切就是遵循众所周知的“适合”标准。这意味着他们必须完全相信自己所推荐的任何产品都“适合”他们的客户。

“适合”是一个需要达到的极低标准。你是想娶一个“适合”的人还是灵魂伴侣？但对于经纪人来说，“适合”已经相当不错了。

问题是，经纪人和他们的老板通过推荐某些投资产品赚到了更多钱。例如，对于经纪人和公司来说，某种费用很高的主动管理型基金的利润远远高于低费用的指数基金，而对于你和你的家庭来说，后者的利润要高很多。你与经纪人之间似乎存在严重的利益冲突？完全正确！

究竟是什么原因使得追求凌驾于客户利益之上的利润成了公认的标准？考虑到这种倾向，英国出台了一种股票经纪人需要对他们的客户遵守的受信标准，根据这一标准，所有的投资顾问都要依法按照客户的最佳利益行事。澳大利亚也有类似的受信标准。既然如此，为什么美国的专业人士不履行受托者的责任？事实上，有些人也是这样做的——除了金融专业人士之外。美国的医生、律师以及注册会计师，都要根据法律要求为了他们所帮助的人的最佳利益行事。然而投资顾问却不受这一法律的限制。

历史上人们曾经多次尝试通过法律要求投资顾问按照客户的最佳利益行事，但是金融业却坚决抵制这样的法律。为什么？坦率地说，如果投资顾问及其老板无法继续为自己提前谋得利益，那么他们赚得的利润就会减少。大家可以想象一下他们的恐惧，假如他们无法继续兜售自己的高价产品，或者收取丰厚的佣金和私下回扣，比如来自其他公司的分红。

好消息是，劳工部最近通过了一项新规定：在管理401（k）退休储蓄计划和个人退休账户时，投资顾问要将客户的利益放在首位。但是即便如此，还是存在重大漏洞。[①] 此外，最近在唐纳德·特朗普竞选期间，其竞选顾问都在谈论要在规定实施之前将其撤回。因此，当你读到这里的时候，那些保护性的规定可能根本不存在了！

其中存在一个问题：这一制度中充满利益冲突，让你处于十分脆弱的位置。但如果你是在同自己喜欢和信任的经纪人合作，情况又会如何？

我并不是说不可能找到才能突出、值得信任、兢兢业业的经纪人。但是，玩一种胜算非常不利于自己的游戏并非明智之举。最成功的投资者，甚至连最专业的赌徒，也总是尽量保证让胜算有利于自己。如果你的经纪人有着自己的投资打算，胜算怎么能在你这边呢？耶鲁大学投资专家戴维·斯文森提醒我说，无论多么喜欢自己的经纪人，“你的经纪人都不是你的朋友”。

---

① 在与经纪人合作期间，有时他会打电话或发邮件，要求你签署一份“最佳利益合同豁免书”（BICE）。经纪人可能会对你说：“政府通过了一部荒诞的法律，限制了你的选择。如果你签署这份合同，我就可以继续向你提供全面的服务。”千万不要上当！这就类似于说：“请签署这份合同，这样我就可以继续向你推销我公司利润最高的产品，继续收取巨额佣金。”

“谁说我最好的朋友不可能是我的投资顾问？”

注册投资顾问

美国 308 937 名投资顾问中，只有 31 000 人（大约占 10%）是注册投资顾问（也被称作 RIAs 或独立投资顾问）。同医生和律师一样，他们也承担受信责任和法律义务，需要始终按照客户的最佳利益行事。这是非常简单的常识，对不对？但是，在金融行业这个奇怪的模糊地带，这种情况一点儿也不常见。

大家先了解一下这方面的法律规定有多么严格：如果你的注册投资顾问在某天上午告诉你购买苹果公司的股票，而他自己在下午买股票时以更低的价格买入，那么他必须将自己的股票送给你！大家可以试着让你的经纪人也这样做！此外，在同你合作之前，注册投资顾问必须毫不隐瞒地公开利益冲突，提前解释清楚他是如何收费的，不能有任何花言巧语，不能有任何隐瞒，不能有陷阱和谎言。他要将一切都摆在桌面上！

为什么你会选择一个不重视你的最佳利益的投资顾问，而不是一个重视你最佳利益的投资顾问呢？从内心讲这不是你的本意，但是大部分人就是这样做的。原因之一就是他们根本不认识更好的投资顾问。读这本书会使你成为一个精英团队中的一员，即十分清楚这一高风险游戏基本规则的团队中的一员。这么多人雇用经纪人的另外一个原因是注册投资顾问就像珍稀鸟类一样非常罕见：发现他们的概率只有 1/10。

既然这是一种最优模式，为什么注册投资顾问的数量还是如此之少呢？最明显的原因是经纪人赚的钱比注册投资顾问多很多，因为推销投资产品能够为他们带来巨额利益。相比之下，注册投资顾问不接受销售佣金。他们通常是通过提供投资建议收取固定费用，或者按其所管理的客户投资资产比例收取费用。这是一种相对光明磊落的模式，能够解决棘手的利益冲突问题。

拥有双重身份的顾问

当我第一次了解到经纪人和注册投资顾问之间的区别时，我觉得一切事情都变得简单明了了。毫无疑问，你肯定想要那种能按照你的最佳利益行事的人，对吧？显然我们应当坚持和受法律约束的独立投资顾问合作。我曾经把受托人看作黄金标准，但随后我发现这个问题比我想象的要模糊难懂得多。

问题是这样的：大多数独立投资顾问既是注册的受托人，也是经纪人。这到底是怎么回事？事实上，那 31 000 名注册投资顾问中，有 26 000 人脚踏两只船，辗转于这一灰色地带。没错，美国的 31 000 名注册投资顾问中只有 5 000 人是纯粹的受托人，仅占总数的 1.6%。现在你明白很难得到没有利益冲突的、完全透明的建议的原因了吧。

在撰写《钱》一书时，我开始提倡受托人制度，结果却发现了这个关于双重身份的难以被忽视的真相。这得归功于彼得·默劳克。

在明白了这些拥有双重身份者的实际工作方式之后，我非常愤怒。前一秒钟，他们还是独立投资顾问，信誓旦旦地向你保证他们一定会恪守受托人标准，向你提供没有利益冲突的投资建议，顺便收取一点点费用。但一秒钟之后，他们就改头换面，做起了经纪人，向你推销投资产品，赚取佣金。在扮演经纪人这一角色时，他们不再遵守受托人标准。换句话说，他们时而有责任为你的最佳利益服务，时而没有责任！哪有这种道理？

如何能判断出在某特定时刻他们是什么身份呢？相信我，这不容易做到。我曾问过一名投资顾问他是否为受托人。当时我让他看着我的眼睛，向我保证他是受托人。他告诉我经纪人是多么不可信，以及当一名受托人有多好。他还告诉我我们的利益完全一致。但之后我还是发现他是一名经纪人，因为他有双重身份，所以也大量从事其他业务，并从中赚取大笔佣金。就是这样一个我原本十分信任的人，当面对我说了谎。尽管如此，他的行为并没有违反任何法律。在意识到被误导是多么容易时，我非常愤怒。

具有讽刺意味的是，大部分拥有双重身份者最初都是经纪人，他们放弃了街角的办公室和可观的收入，一跃成为注册投资顾问。他们希望完全独立，能够向客户提供全方位的投资选择，而不仅限于他们之前的老板强推的精心设计的产品清单。他们希望能戴上代表好人的白帽子，而不是代表坏人的黑帽子。因此，他们甘愿冒险，变身为注册投资顾问，结果却发现了一个悲惨的事实：从收入角度考虑，做一名单纯的受托人太难了。

这些拥有双重身份的投资顾问的意愿是好的，但他们却被夹在两个世界之间，一方面想要体面风光，另一方面却不得不做出妥协。这不是哪一个人的过错，而是行业制度使然：推销投资产品是赚大钱和支付账单最简单的方法。

一点点的尊敬

我要把所有的钱都给你，
宝贝，
我所需要的一切回报，
就是一点点的尊敬。

——美国流行歌手 艾瑞莎·富兰克林《尊敬》

到现在为止，你已经掌握了一些可以为你免去许多痛苦和悲伤的关键事实。这些事实包括：90% 的投资顾问实际上是经过伪装的经纪人；他们不一定会把你的利益放在首位；他们承受着巨大压力，需要推销高价理财产品；如果能够绕开所有经纪人（无论这看起来多么不公平），转而和那些承担着受托责任、把你的利益放在首位的独立投资顾问合作，那么你得到优质投资建议的机会就会大增；所有的受托人并非生来平等，因为其中一些人可能会突然变为经纪人。

因此，现在你知道了应当避开哪些因素。我们已经剔除了大约 98% 的投资顾问，因为这些人要么是经纪人，要么是具有双重身份的“杂交品种”。剩下的是什么？他们就是那数千名依法担任受托人的独立投资顾问。从中你应当不难找到一位能满足你需要的顾问。

但是你依然需要格外小心。为什么？因为即便是与独立投资顾问合作，你们也可能会产生利益冲突——通常涉及聪明但合法的投资计划，这些计划旨在从你身上赚更多钱，而你却注意不到。下面介绍 3 种你应当格外注意的行业伎俩。

专有基金的毒瘤

经纪人经常推销他们自己公司的专有基金。这是一种很容易理解的策略，可以保证肥水不流外人田——这种常见的赚钱方法取决于客户比较天真，不会询问其他公司提供的基金是否更好或者更便宜。正是这种自私自利的行为让你应当在与经纪人打交道时格外小心谨慎。但是很遗憾地告诉大家，许多独立投资顾问也想出了使用这种策略的隐秘方法。

通常的运作方式是这样的：投资顾问公司有两张王牌，其中之一是负责提供独立投资建议的注册投资顾问，而第二张牌则是持有一些专有公募基金的姐妹公司。注册投资顾问表面上提供了公正无私的建议，但实际上是在建议你购买其姐妹公司销售的高价基金。正如综艺节目《周六夜现场》中的喜剧角色 Church Lady 所说的那样:“真是太方便了!”最重要的是所有的利润都留在公司里,这对所有人都有好处——当然,客户除外。

那位可怜的客户(我们也可以称他为马克)要向投资顾问支付两笔费用:一笔是支付给针对投资本身的独立建议,另一笔是支付给母公司的平庸基金。大多数客户甚至不知道自己购买的基金是同一家公司所持有的。这是因为基金公司和投资顾问公司通常在不同的品牌名称下运作。这就像观看手艺高超的扒手表演,其手法非常狡猾老到,你几乎都要对他顶礼膜拜了。

无所建树,却收取额外费用

业内还有另外一种伎俩正日益普遍:你支付给投资顾问费用,请他为你理财。比如,费用为你投资资产的 1%。然后这名顾问推荐了一种“模范投资组合”(他甚至会给它起一个花哨的名字,比如“XYZ 投资系列”),其中包含自身的额外费用,打个比方,费用为你投资资产的 0.25%。这笔费用高于你投资组合中基础投资的费用。

但问题是他们什么额外的事情也没有为你做:“模范投资组合”中包括了投资顾问整合起来的各种投资,这是你花钱请他来做的首要工作。这就好比是你买了价值 100 美元的生活用品,然后又被强行收取了 25 美元的费用,用于购买将商品用纸袋包好带出商店的权利!

如果哪名投资顾问以整合投资的名义收取管理费用,那他就是在玩弄这种伎俩。最后一点,他们为什么能够借整合投资的名义加收额外费用？让我来告诉你原因吧，因为他们有个你压根儿注意不到的伎俩。

“我不收佣金，因此我们姑且称之为咨询费吧！”

一些独立投资顾问会和投资公司进行私下交易，这样他们就可以在你不知情的情况下赚取佣金。它是这样运作的：你的投资顾问会向你推荐某公募基金公司的基金，但此时，他不能明目张胆地接受基金公司因其推荐产品而秘密回馈给他的佣金。这对于他来说是一个烫手的山芋。那要怎么办？非常简单，给这笔报酬另起一个名字就可以了。

因此，老到的投资顾问会与基金公司联系，收取咨询费。而基金公司也乐于支付这笔费用，每个人从此都过上了幸福的生活，但其中不包括你这个客户——你还误以为自己得到了独立的建议。这件事有何寓意？如果有个东西走路像鸭子，说话像鸭子，那它可能就是只鸭子，或者一名经纪人。

如何找到你需要的最好的投资顾问

> 在这片森林里，能力是一种罕见的鸟儿，每当看到它时，我都会十分珍惜。
>
> ——电视剧《纸牌屋》男主角 弗兰克·安德伍德

我希望现在你已经明白了，你最大的胜算在于雇用货真价实的受托人担任自己的独立投资顾问。但是如何具体选择一个对你有帮助的投资顾问呢？

正如你在下面这个象限中所看到的那样，并非所有的受托人都大同小异。仅仅找到能依法将你的利益放在首位的人还是不够的。你还需要那种精于投资、手段高明的人。换句话说，你的受托人必须处于象限的右上角：高度值得信任和高度成熟。这与位于左下角的受托人正好相反，左下角代表的是极不成熟的推销员。

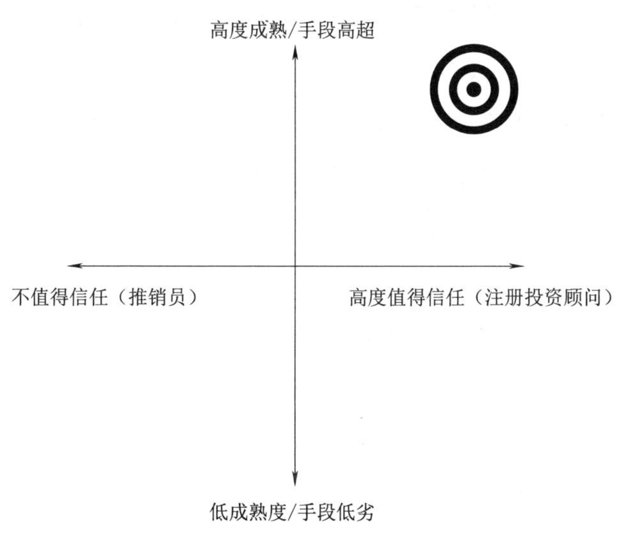

图 5-1　并非所有的受托人都大同小异

如何判断某具体的受托人是否具备你需要的合适手段和经验？在挑选、审核他们的时候，你可以采用下面 5 个标准：

第一，查验投资顾问的资格证书。你需要保证此人，或者其团队中的成员，完全有资格从事这份工作。在此，我们谈论的并不是那些花哨的头衔，而是实实在在的职业资格证书。如果你想寻求投资规划方面的帮助，一定要保证投资顾问团队中有国际金融理财师（CFP）；如果你想寻求法律方面的帮助，一定要保证团队中有遗产安排方面的律师；如果你想寻求税务方面的建议，一定要保证团队中有注册会计师（CPA）。

这些资格证书并不能保证他们的专业水平足够高，但即便如此，你也有必要知道你所考察的投资顾问达到了在相关领域提供咨询服务所需要的最低能力水平。

第二，从理想的角度来说，投资顾问应当为你提供包含投资策略在内的一系列服务。你真正需要的是能常年帮助你全面积累财富的人，你需要的是能指导你在房贷、保险、税务以及其他方面节省开支，并帮助你规划、保护遗产的人。乍听起来这些准备似乎没有必要，但具备这样强大的智囊团是很重要的，因为仅税款一项就能够导致你的投资收益减少 30%~50%。

我在看到理财广告时感到有些意外，因为所有的广告都是在设计投资组合。其实最好的做法是从一开始就找到一个能与你一同发展的人。因此，一定要保证此人具有与你一同发展的才干，即便你的起步规模较小。还要记住的一点是，此人负责的投资规模大小也很重要。你肯定不希望最终找到的这名投资顾问虽然为人真诚，但缺乏经验，只负责过几十位客户规模相对较小的投资资金。

第三，确保你的投资顾问有同你一样的人合作的经验。能否证明这名投资顾问在同你情况类似、需求类似的客户合作时的表现优异？例如，如果你的主要目的是积累财富，以便享受退休生活，那你需要的就是退休规划方面真正的行家里手。然而，在一项匿名调查中，《财务规划杂志》发现 46% 的投资顾问都没有自己的退休规划！我简直不能相信他们竟然会承认这一点！你能想象自己雇用了一名数十年没有运动过的私人教练？或者你雇用了一名一边指导你素食饮食，一边却胡吃海塞、大鱼大肉的营养师？

第四，同样重要的是，要确保你和你的投资顾问都比较冷静。例如，他是否认为自己可以通过选择某些股票或主动管理型基金长期战胜市场？或者说他是否认为战胜市场的概率较低，于是转而选择投资组合较为分散的指数基金？有些大致符合你要求的投资顾问可能依然存在缺陷，因为他们一心想要投资股票。从个人角度来说，对那些声称经常战胜市场的投资顾问，我是会避而远之的。或许他们说得没错，但我表示怀疑。很可能有两种情况，一是他们过于乐观，二是他们在自欺欺人。

第五，最后一点，一定要找一个你能在个人层面上与之建立联系的投资顾问。优秀的投资顾问应当成为客户长期的伙伴和盟友，他应当能够长期指导你的投资活动。诚然，这是一种生意关系，但金钱对于你来说也是一个非常私人的话题，就像对我一样，不是吗？它与我们的希望和梦想密切相关，我们希望能照顾好下一代，能做些慈善工作，能按照我们自己的方式过上不一般的生活。如果你能同你联系到的、信任并喜欢的投资顾问聊一下这些话题，那将大有裨益。

惊喜

本章大部分内容讨论的是，在寻求优质投资建议过程中我们需要克服的诸多困难：利益冲突、掩饰与欺骗、圆滑与自私行为等。很难找到拥有高水平技能、以客户为中心、真正提供他们声称所能提供的服务的投资顾问，这难道不令人感到意外吗？难怪很多投资者失去信心，决定自己动手进行理财。

但我要告诉你的是，如果你能最终破解这一棘手的难题，找到一位真正了不起的投资顾问，那么等待你的将是一份惊喜大奖。这种投资顾问就像一名向导，对该领域了如指掌，能为投资者指明正确的方向，使他们无往而不胜。对于许多人来说，没有什么能比同这样高明的向导合作，更能对其投资活动产生积极影响的了。世界上最优秀的投资顾问将自始至终给你提供巨大帮助：确定你的投资目标，让你坚定不移地朝着这些目标前进，在这一前进过程中，他们能帮助你抵御市场波动，从而大大提升最终实现这些目标的概率。

本书合著者彼得·默劳克经营的注册投资顾问公司创意财富公司向投资者提供没有利益冲突的投资建议，涉及范围非常广泛。该公司的组建方式就是让客户得到他们自己团队的建议，其中包括投资专家、信贷专家、保险专家、税务专家以及遗产安排方面的专家。他们的费用如何？整个专家团队每年的费用（平均）不超过 1%。

这听起来像是专为高净值客户打造的服务，但是彼得和他的团队不仅为富豪服务。在我的要求下，他专门成立了一个部门，以帮助刚开始进行投资的客户，最低资产标准为 10 万美元。

我想强调的是，我并非逼迫大家使用创意财富公司的服务，尽管我是该公司的董事，并且担任投资者心理学主任。

如果有人能帮你把投资做得非常出色，我会从内心替你高兴。但我知道这非常困难，因为光是寻求优质投资建议、寻找可以信任的投资顾问，就足以让人望而却步。你如果想找一条捷径，那么可以登录

www.getasecondopinion.com，请创意财富公司为你提供免费的补充性意见。该公司的投资经理会评估你的具体情况，告诉你你目前的投资顾问是否在按照你的最佳利益行事。如果你希望再进一步，即聘用创意财富公司担任你的受托人，那么我们愿意效劳，我们乐意把你当作我们这个大家庭中的一员来对待。

我想举一个例子来说明为什么这种全方位思考问题的方法如此有效。许多人在传统的投资组合之外还有房地产投资，但他们聘用的普通投资顾问几乎不会和他们做太多解释。假设你拥有一些房产，具备适当专业知识的顾问会研究如何将你的现金流实现最大化，并可能帮助你重组这些房产的抵押贷款。结果如何？你可能不需要额外的现金就可以再投资一两处房产。事实上，你的抵押贷款支付总额可能比以前更低。这就是真正的优质投资建议所带来的收益。

向投资顾问提的7个关键问题

确保自己能雇用到合适投资顾问的方法之一是向他提 7 个关键问题，这些问题能帮助你发现潜在的冲突和陷阱，否则你可能会在不知不觉中受到伤害。如果你已经有了投资顾问，同样有必要得到他们对这些问题给出的答案。下面就是我在将自己的投资未来交付给任何一个投资顾问手中之前想要知道答案的问题：

1. **你是注册投资顾问吗？**如果回答是否定的，那么这个投资顾问就是一名经纪人，你就可以对他报以甜蜜的微笑，然后说再见。如果回答是肯定的，那么他就是个符合法律规定的受托人。但你还需要弄清楚这个受托人是否具有双重身份。

2. 你（或者你的公司）隶属于某经纪公司吗？如果回答是肯定的，那么你与之打交道的这个人就是一名经纪人，通常来说，他会有引导你进行特定投资的动机。弄清楚这一点的一个简单方法是看一眼这名投资顾问的个人网站或名片的底端，看一下上面是否有这样的简介："由美国金融监管局（FINRA）及美国证券投资者保护公司（SIPC）成员 ×× 公司提供证券。"如果你看到这些字眼，就表明此人是一名经纪人。如果是这样的话，赶快逃命去吧！

3. 贵公司提供专有公募基金或者独立管理账户吗？你希望得到的是断然否定的回答。如果回答是肯定的，你就要小心你的钱包了！这可能意味着他们希望诱使你购买那些能为他们带来高利润的产品（但对于你来说可能并非如此），从而创造额外的收入。

4. 你或者你的公司会因为推荐某种投资产品而接受第三方酬金吗？这是你最想要得到回答的问题。为什么？因为你需要知道自己的投资顾问，有没有动机推荐那些能给他带来丰厚佣金、回扣、咨询费、免费度假或者其他好处的投资产品。

5. 你的投资理念是什么？这个问题有助于你弄清楚，这名投资顾问是否认为自己能够通过选择某些股票或主动管理型基金而战胜市场。从长远来看，这样做必败无疑，除非此人是一位像瑞·达利欧或者沃伦·巴菲特那样的超级投资巨星。但我们所雇用的顾问中，可能没有这样的奇才。

6. 除了投资策略和投资组合管理之外，你还提供哪些理财规划服务？也许在你目前的人生阶段中，你所需要的只是投资方面的帮助。但随着年龄的增长以及/或者财富的增加，你需要管理的资产越来越多，理财活动可能会变得越来越复杂。例如，你可能需要在子女的高等教育、退休规划、既定股票期权或者遗产安排等方面进行规划。大多数投资顾问一旦涉足投资以外的领域，就会抓瞎。正如我们提到过的，由于经纪人身份的限制，大部分投资顾问无法提供税务方面的建议。从理想的角度来说，你的投资顾问应当能帮你在各个领域节省税金，其中包括投资规划、企业规划以及遗产规划等。

7. **我什么时候可以拿到自己的钱？**受托投资顾问总是利用第三方托管人保管你的资金。例如，富达投资集团、嘉信理财公司以及美国交易控股公司都有托管机构，用来保护你的资金安全。因此，你可以签署一份有限权力委托书，授权投资顾问管理资金，但不得提款。这种做法的好处是，如果你想要解雇你的投资顾问，不必改动账户，只需雇用新的投资顾问，并让他接管你的账户，这样什么事情也耽误不了。这种托管制度也能保护你，使你免于承担风险，不会被像伯尼·麦道夫[①] 那样的骗子欺骗。

第一部分任务完成！

在本书第一部分中，我们已经讨论了大量内容。回想起来，这部分可以作为成功投资理财的规则手册。我们现在快速地回顾一下到目前为止你所掌握的一些最重要的规则：

- 你知道了做一名长期投资者的好处：这样的投资者不会轻易地进出

① 美国历史上最大诈骗案制造者。——译者注

股市交易，而会一直坚持，不受市场回调或下跌的影响。

- 你知道了绝大多数主动管理型基金尽管业绩不佳却收取高额费用。这就是为什么购买便宜的指数基金并常年持有，可以让你变得更富有。
- 你知道了高额费用会产生严重后果，就像白蚁一样会吞噬你未来财务的基础。
- 你知道了如何找到值得你信任，并会给你带来丰厚回报的独立投资顾问。

学习完这部分规则手册后，你已成了为数不多的真正明白投资理财制度的人之一。既然已经知道了规则，就准备开始投资游戏吧！

本书第二部分为你提供的是投资实操手册，这部分内容可以助你将行动计划付诸实施。在第六章里，我将与你分享全球最优秀的投资者在做投资决策时采用的 4 个核心原则。在第七章里，你将学会如何“消灭熊市”、搭建范围广泛的投资组合，以使自己在市场暴跌期间减少损失。在第八章中，我将告诉你如何击败内心的敌人——让你知道我在 40 多年中学到的有关财富创造心理学方面最重要的秘密。

这个投资实操手册将给予你实现终极财务自由所需要的知识和实用工具。你是否感觉到一股力量在你的血管里流动，让你血脉偾张？那就接着读下去吧，因为此刻你应该设计自己的操作手册、掌控全局、进入游戏了……

第二部分

投资
实操手册

第 六 章

投资高手奉行的 4 个核心原则

能够有效指导投资决定的关键原则

让我们将其简化，做到真正简化。

——苹果公司合伙创始人 史蒂夫 · 乔布斯

任何人都可能幸运地中彩票，也可能时不时地选中赚钱的股票。但如果你想要取得持续的投资胜利，那么你需要的就不仅仅是偶尔的好运气了。根据我近 40 年对成功案例进行研究的经验，我发现任何领域中最成功的人都不仅仅凭借运气。他们有与众不同的信念、策略，并且做事方式也不同于他人。

我在生活中的各个方面都发现了这一点，无论是超过半个世纪的幸福且充满激情的婚姻，几十年如一日坚持减肥塑身的习惯，还是价值数十亿美元的企业帝国。

关键是你要认识到这些始终如一的成功模式并效仿它们，以它们为原则在个人生活中做决定。这些模式可以为你的成功提供行动指南。

当我开始寻找方法帮助人们投资理财时，我研究了众多顶尖投资专家的投资活动，并最终采访了50多位投资大师，一心想要破解投资密码，弄清楚他们取得骄人业绩的原因。最重要的是，我一直在问自己这样一个问题：他们有什么共同之处？

我很快就发现，这是一个相当难回答的问题，因为这些杰出的投资者赚钱的方式和方法各不相同。比如，保罗·都铎·琼斯是一名操盘手，他下的最大赌注都是基于自己的全球宏观经济观点；沃伦·巴菲特所做的长期投资都是在具备持久竞争优势的公共和私营公司进行的；卡尔·伊坎的目标是业绩不佳的企业，然后他哄骗（或威逼）管理层改变战略，使之有利于股东。显然，通往胜利的道路有很多种，因而寻找共同点是相当艰巨的挑战。

但是在过去的7年中，我做了自己一直喜欢做的事情——把看似十分复杂的现象分解为我们这样的普通人都能够利用的几个核心原则。我发现了什么？我逐渐意识到几乎所有杰出的投资者在做投资决策时都会遵循4个原则。我称其为“4个核心原则”。我将在本章阐述这4个核心原则，希望它们能对你产生积极影响，帮助你实现财务自由。

你还记得之前我说过复杂是执行的大敌吗？所以，当我告诉你这4个核心原则的时候，你的反应可能是：“这么基础！这么简单！”你说得完全没错！

但是，仅仅知道几个原则还是不够的，你必须实践，执行才是王道！我不想故意把事情复杂化，结果让你坐拥海量信息却不知道如何使用。我的目标不是用详尽的论述使你眼花缭乱，而是对信息进行整合、简化和梳理，好让你能马上采取行动。

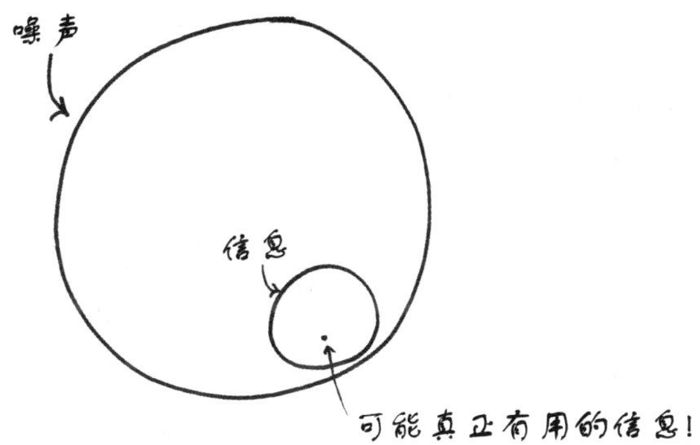

所有这些原则能为我们提供一份宝贵的清单。每当我与自己的投资顾问讨论潜在的投资项目时，我都想知道该项目是否满足这 4 个标准或者其中的大多数。如果满足不了，我就干脆作罢。

为什么我对此如此坚决？因为仅仅说“这些都是有益的见解，我尽量记住就是了”还是不够的。一流投资者都深知这些原则必须铭记在心。它们非常重要，你需要将其内化，当作行为准则，使其成为一切投资活动的基础。总之，这 4 个核心原则应该成为你投资实操手册的核心。

核心原则1：避免赔钱

每一位优秀投资者经常提到的第一个问题是：“如何能够避免赔钱？”这听起来可能有点儿违反常理。要知道，我们大部分人关心的是相反的问题：“如何能赚钱？如何获得高回报，赢得一大笔钱？”

但是一流投资者心里一直想的是避免赔钱。为什么？因为他们明白一个简单又深刻的道理：损失的钱越多，就越难回本。

我不想让你觉得自己好像回到了高中的数学课堂上，但是现在有必要暂停一下，弄清楚为什么赔钱的后果如此严重。假设你因为投资不当损失了 50% 的资金，那么你需要赚回多少钱才能让自己复原如初呢？大多数人可能会说 50%。但这是大错特错的。

我们研究一下这个问题。如果你投资了 10 万美元，结果赔了 50%，现在只剩 5 万美元。如果你利用这 5 万美元赚回了 50% 的收益，那你现在手中一共有 75 000 美元，依然亏损 25 000 美元。

事实上，你需要 100% 的收益才能赢回本钱，恢复到最初的 10 万美元。这可能需要你付出整整 10 年的时间。这就解释了沃伦 · 巴菲特的那句名言：第一条，不要亏本；第二条，记住第一条。

其他投资大师也有同样的规避风险的想法。例如，我的好朋友保罗 · 都铎 · 琼斯曾经告诉我："我认为最重要的原则是防守，它比进攻重要 10 倍……你必须格外谨慎，时刻提防下跌。"

但在实际操作中，你怎样才能真正做到避免赔钱？首先，一定要认识到金融市场变幻莫测。电视节目中的大嘴巴专家都表现得自己好像能未卜先知，但不要上他们的当！最成功的投资者深知没人能长期准确地预测未来市场走势，因此他们总是防范意外事件带来的风险，以及他们自己可能犯错的风险，无论他们多么精明。

我们以瑞 · 达利欧为例。据《福布斯》杂志消息，他为自己的投资者创造了 450 亿美元的利润——这一业绩超过了历史上所有其他对冲基金经理，其个人净资产据估计达到了 159 亿美元。这么多年来我认识了很多了不起的人物，但从没遇见过比他更聪明的人。即便如此，达利欧告诉我，他的全部投资策略都是建立在自己对市场的认识上的：市场有时候会比他更聪明，其发展方向可能完全出乎意料。他是在自己事业之初得到的这一教训，他将这段过去称为自己人生中“最痛苦的经历之一”。

1971 年，达利欧还是一名刚入行的年轻投资者。当时的美国总统理查德·尼克松取消了美国的金本位制。也就是说，美元不再能够直接兑换黄金。这意味着突然之间，美元的价值甚至与印制美元的那张纸差不多了。达利欧与他所认识的投资领域中的每个人都一样确信，股票市场在面对这一历史性事件时肯定会暴跌。但结果怎么样？股票一路飙升！没错，市场表现与逻辑和理性告诉他的，以及所有其他专家所预期的完全相反。“当时我意识到，没有人能知道，也没有人能预知市场走势。”他说道，“因此我必须规划资产配置，这样即便判断失误，自己也能安然无恙”。

亲爱的读者，这就是我们永远不应忘记的深刻见解：必须规划资产配置，以确保我们即便判断失误也能安然无恙。

资产配置就是建立包含不同类型投资产品的正确组合，使其多样化，从而减少风险，实现回报最大化。

> 我从不指望能跳过7英尺[①] 高的栏杆，只寻找我能跨过的1英尺高的栏杆。
>
> ——沃伦·巴菲特

① 1 英尺 =0.304 8 米。——编者注

我们将在下一章中深入探讨资产配置的来龙去脉，但此刻，重要的是，要记住我们应当时刻提防意外发生。这是否意味着我们必须藏身于恐惧之中，因为一切都是那么不确定？我完全不是这个意思。它只意味着投资时我们必须防患于未然，保护自己免受意外伤害。

我们都知道，许多投资者之所以受到市场泡沫的伤害，是因为他们从一开始就盲目相信未来一片光明，结果放松警惕，不计后果地冒险。像博格、巴菲特和达利欧这样的长期投资赢家都深知未来充满变数，既有惊喜也有痛苦，因此他们从不会忘记市场下行风险，总是投资不同类型的资产，这样，即便有的投资下跌，另外的也可能会上涨，从而使自己免受重创。

我既不是经济学家，也不是市场预言家，但我觉得这种强调避免赔钱的做法在今天尤其重要，因为没人能预料到我们在世界各地看到的激进经济政策的潜在影响。我们处在一个未知的世界中。正如霍华德·马克斯在2016年年底对我说的那样："当我们身处一个资产价格较高、预期回报较低的不确定世界中时，我认为你应当停下来想一想。"他的投资公司橡树资本管理公司市值高达1 000亿美元。最近这些年，该公司的投资准则一直是谨慎行事。他解释道："我们也在进行投资，并且全身心地投入。我们愿意如此，但我们在购买任何一种产品时都十分谨慎。"

我是如何把避免赔钱这一原则运用到自己的投资活动中的呢？我时刻谨记避免赔钱这一原则，并且告诫我的投资顾问："除非你先告诉我如何防范或最小化负面影响，否则不要跟我谈什么投资。"

核心原则2：风险-收益不对称

按照传统观点，高风险才能有高回报。但是一流投资者却不相信这种高风险、高回报的神话。**相反，他们寻求的是能带来他们所谓的风险-收益不对称的投资机会：这是一种别出心裁的说法，即回报应该远远高于风险。换言之，这些投资赢家总是寻求以最低的风险换取最高的回报。这简直就是投资者的梦想。**

我曾与保罗·都铎·琼斯认真地交流过这种情况，他在做投资决策时遵循一种“5∶1原则”：“我冒损失1美元的风险去赚5美元。”他曾这样向我解释道：“5∶1原则的目的是让你的命中率达到20%。我可能实际上是一个十足的白痴，80%的时间都在犯错，但依然可以做到不赔钱。”

这怎么可能？如果保罗投资5次，每次100万美元，连续4次赔到一分钱不剩，那么他一共损失400万美元。但如果第5次投资他大获全胜，赚了500万美元，那么他就赢回了自己的500万美元。

事实上，保罗的命中率比这要高得多。假设他的5次投资中只有2次达到预期，赚了500万美元，这就意味着他最初的500万美元增加到了1 000万美元。换句话说，在这个例子中，尽管他在60%的时间里做了错误投资，但依然大赚了一笔！

通过这种5∶1原则，保罗可以始终赢得投资游戏，尽管可能会犯一些不可避免的错误。

现在我们了解了5∶1原则的巨大威力。保罗显然不可能每次都固守这一比例。在有些情况下，他的目标是3∶1。更重要的是，他总是在寻找有限的下行空间和巨大的上行空间。

我另外一个热衷于风险–收益不对称的朋友是维珍航空公司的创始人理查德·布兰森爵士。理查德掌控着大约400家公司，他本人并非只是一个优秀的企业家，他还是一位激情四射的冒险家，敢于以身涉险。他曾驾驶热气球环球飞行，创造过驾驶水陆两栖车穿越英吉利海峡的最快纪录。因此他显然是一个地地道道的冒险家，对不对？其实并不完全如此。没错，他能拿自己的身家性命进行各种冒险，但在自身财务方面，他却非常擅长把风险降到最低。

举一个典型的例子：理查德在 1984 年创建维珍航空公司的时候，一开始只投入了 5 架飞机。当时他是在挑战一个庞大的巨人——英国航空公司。理查德曾开玩笑说："你如果想成为一名百万富翁，就用 100 万美元起步，创办一家新航空公司。"但是他用了一年时间谈成了一笔令人难以置信的交易——如果生意不景气，他可以退回这些飞机。这让他得到了最小的下行空间和无限的上行空间。他说："从表面上看，似乎企业家敢于承担风险，但我最重要的人生信条是'防范下行风险'。"

在我对著名投资人的采访中，这种有关风险－收益不对称的思维模式屡见不鲜。比如卡尔·伊坎，他的净资产估计达到了 170 亿美元。《时代杂志》封面将其称为"宇宙大师"。《吉普林个人理财》曾报道，从 1968 年以来，卡尔的复利收益率为 31%，高于沃伦·巴菲特的 20%。卡尔赚钱的方式是对经营不善的企业进行巨额投资，然后威胁要接管它们，除非管理层同意改变其经营方式。这看起来好像是世界上风险最高的扑克游戏，赌注高达数十亿美元。

但是卡尔从未忽视赔率。他告诉我："看起来我们好像在拿巨额资金冒险，但实际上并非如此。所有事情都是风险与收益并存的，但你必须明白其中的风险是什么，收益是什么。大多数人看到的风险比我多，但数学不会骗人，那些人只是没有弄明白而已。"

你从这些例子中发现了什么规律？保罗·都铎·琼斯、理查德·布兰森和卡尔·伊坎这 3 位亿万富翁的赚钱之道完全不同，然而他们三人时刻谨记的只有一条：如何降低风险，同时实现收益最大化。

现在我想说的是，如果我的观点不对，还请大家原谅。但我猜大家不会真的去创办航空公司或者顶住压力收购经营不善的公司。既然如此，那你该如何把这种思维模式运用到自己的投资中呢？

实现风险－收益不对称的方法之一是在市场充斥悲观、低迷情绪的时候，投资价值偏低的资产。正如你在下一章中将会看到的那样，市场回调和熊市可能是你生活中收到的最棒的礼物。大家可以回想一下2008—2009年发生的让人感觉仿佛身在人间地狱的金融危机。但是如果你心态成熟、眼疾手快，那么此时就是天赐良机：随便出手就能赚得盆满钵满。

当2009年3月股市跌至谷底时，在大多数投资者看来，股市前景十分黯淡，蓝筹股变得无人问津。花旗银行的股票从最高峰时的57美元一股跌至97美分一股。你完全可以以低于从ATM机取钱的手续费的成本成为该公司的股东。事情的关键是：寒冬之后总是春天，并且有时候季节变化之快超乎你的预计。5个月之内这只股票的股价就从每股97美分升至每股5美元，给投资者带来了500%以上的回报。

这就是为什么像沃伦·巴菲特这样的价值型投资者都会在熊市期间雄心勃勃。混乱局势能让他们以极低的价格投资遭受重创的股市，此时市场下行基本触底，而上行前景非常可观。

2008年年底的时候巴菲特就是这样做的。他开始投资高盛和通用电气这样遭遇重创的大型公司，当时这些公司的股票价格一落千丈，对收购者而言是千载难逢的良机。更好的一点是，巴菲特对投资结构的调整进一步降低了风险。例如，他投入50亿美元购买了高盛公司的一种特殊的优先股，这保证了他在等待股价回升时每年能得到10%的红利。

大多数人在市场暴跌时惊慌失措，只看到市场下行，但巴菲特却坚信自己不可能赔钱。

换言之，这就是有关风险 – 收益不对称的全部精髓。

下面这个例子来自我个人的投资经历。2008—2009 年金融危机之后的几年里，我遇到了一个机会。当时各家银行决定实施多年来最严格的贷款要求。其间，许多拥有高净值房产的人无法获得资金。因此他们都在寻找获得短期资金（倾向于 1~2 年，甚至更短）的方法，并愿意抵押他们的房屋。

简单来说，我可以借给他们所需的资金，成为他们房屋的第一信托契约持有人。2009 年，一个房主找到我的团队。他的房子价值 200 万美元，并有完全产权。他要求贷款 100 万美元（占该房产当时估价的 50%），他愿意在 12 个月内每月支付 10% 的利息。当时我可以投资 10 年期美国国债，但年收益率仅为 1.8%。在这种情况下，借钱给他是一个不错的投资机会；并且，由于美联储已经开始提高利率，债券价格将面临下行压力，因此投资国债的净回报率可能会更低（除非我愿意一直坚持到债券到期）。

借钱给他我可能会承担什么风险？假如贷款人不履行义务，房地产市场就会下跌 50% 以上，我就无法收回投资。但是，即使是在半个多世纪以来（到 2008 年为止）最严重的房地产衰退中，这个房主所在社区的房价降幅也没有超过 35%。因此，为期 1 年的短暂贷款期限符合我的第一个准则——提升我不赔钱的概率！

此外，我们再看一下风险 – 收益不对称：鉴于即使房地产市场下跌 50%，我也依然能做到不赔不赚，所以几乎不存在赔钱的风险，因为无论收益率如何被挤压， 10% 的年收益率都可以给我带来很大的上行空间。考虑到这些因素，我坚信这项投资在风险和收益之间实现了完美平衡。

不是具有 100 万美元的富人才能进行这类投资。很多贷款人申请的贷款金额为 25 000~50 000 美元。但我此刻想要强调的并非你一定要寻找此类投资机会，因为还有其他风险伴随着这些类型的投资，理解这些风险非常重要。我想强调的是，各类投资机会总会出现，这取决于经济环境或市场行为。

核心原则3：税收效率

我们前面讨论过，税款能轻易地吞掉你 30% 甚至更多的投资收益。然而，公募基金公司喜欢吹嘘自己的税前收益，借此掩盖这样一个事实：**真正重要的数字只有一个——你实际可以得到的净收益。**

在考虑税收（更别提费用）前就庆贺自己投资收益的人是在自欺欺人！这就好像在说“我今天的饮食很健康”，但完全忘记了今天自己狼吞虎咽地吃下了两个甜甜圈、双份薯条和一个奶油圣代！

在投资中，自欺欺人的习惯会使你付出高昂的代价。因此，我们一定要摘掉眼罩，正视现实。如果你是一名高收入者，那么你需要支付的就是介于联邦政府税和州税之间的 50% 的普通的收入所得税。如果你卖掉已持有时间不到 1 年的一项投资产品，你的所得将按与普通的收入所得税同样高的税率纳税。很残忍，对不对？

相比之下，如果大部分投资产品你都持有 1 年或 1 年以上，那你在出售时就可以缴纳长期资本利得税，其当前税率为 20%，比普通的收入所得税要低很多。你只需调整自己的持有时间，就可以省下 30% 的税款。

但是你如果忽视税收的影响，就要付出沉重的代价。比如你持有的某公募基金的年平均收益率为 8%。扣除每年 2% 的费用后，你还剩下 6% 的收益。如果该基金被频繁交易（就像大多数基金那样），那么所有这些短期收益都将按照普通的收入所得税税率缴税[①]。因此，如果你属于加利福尼亚州或者纽约市的一名高收入者，那么你 6% 的年收益将被拦腰截断，变成可怜的 3% 的税后收益。根据这种情形，你每 24 年才能实现收益翻倍，此外你还需要考虑通货膨胀的影响。如果通货膨胀率每年达到 2%，那么你的实际收益就从 3% 降至 1%。这样，你可能需要在 120 岁的时候才能退休。

> 我有足够多的钱支持我的退休生活，余生也能活得很舒服。但问题是，下星期我就要死了。
>
> ——佚名

现在你明白为什么以节税的方式投资很重要了吗？相信我，我认识的所有亿万富翁都有一个共同特点：他们以及他们的投资顾问在税收方面都很精明。他们知道重要的不是他们赚多少钱，而是他们能拿到多少钱，真正到手的钱才是真金白银，这些钱可以被用于消费，或者二次投资，又或者资助他人改善生活。

如果你心中依然感到不安，那么我想告诉你的是，以合法的方式减少税收负担的投资理财的做法，一点儿也不肮脏或不道德。关于这一问

① 据晨星公司分析师威廉 · 哈丁所说，美国券商托管股票基金的平均换手率为 130%。

题，法律领域的学者和美国最高法院最常引用的一句话是，美国联邦上诉法院法官比林斯·勒尼德·汉德 1934 年的那句名言:“任何人都可以尽可能地降低自己的税金……任何人都没有责任缴纳超过法律规定的税金。”

在与戴维·斯文森聊天时，他告诉我为耶鲁大学投资的最大好处是这是一个非营利组织，因而得以豁免纳税。但是我们其他人应当怎样做？首先，避开那些主动管理型基金，尤其是那些交易频繁的基金。正如戴维和我所说的那样，指数基金的好处之一是它们的交易换手率一直保持在最低水平，这意味着“税收会更低。这是一笔巨款。公募基金行业存在很多严重问题，其中最严重的一个问题是几乎所有公募基金经理都表现得好像对税款漠不关心的样子。但事实上税款很重要，甚至可以说至关重要”。

戴维在讲上面这番话的时候，我能感觉到他深深的关切之情，知道他一心想帮助人们理解他所说内容的重要性。税收对你的收益产生的巨大影响“说明了利用每一个可以享受税收优惠的投资机会的重要性”。戴维强调:“如果你在为非营利机构工作，如果你参加了 401（k）或者 403（b）退休储蓄计划，那么你一定要尽自己最大努力，利用好每一次机会，以税收递延的方式投资。”

这听起来理所当然，对不对？我们都知道，那些具有税收递延优势的项目，比如 401（k）退休储蓄计划、罗斯个人退休金账户、传统个人退休金账户、私募人寿保险（PPLI，也被称作富人的秘密）以及 529 大学储蓄计划（这是一个能够递延纳税的储蓄计划，由父母设立来为孩子积攒大学学费），能帮助我们更快地实现目标。你可能已经在利用其中的一些机会了，但如果你还没有尽自己最大努力，现在是时候开始行动了！

如果你想要了解有关这一问题的更多内容，可以读一下《钱》那本书。该书第五部分第 30 章“超级富豪的秘密”（你也可以用）深刻探讨了这一问题。记住，聘用经纪人时你可能遇到的一个问题是他们不是税收方面的专业人士，因此不能依法向你提供有关税收的建议；甚至大部分注册投资顾问团队中也没有能在这一领域为你提供指导的税收专家。这就是为什么你最好与拥有注册会计师的公司合作，因为它们会把提高税收效率放在首位。

我很好地践行了戴维传授给我的知识。这种对税收敏感的思维方式也渗透到了我的投资方式中。当然，我不是从税收开始的。倘若如此，那将是一个严重的错误。一开始，我总是注意不要赔钱，关注风险－收益不对称，然后在进行投资之前问自己：“这样做的税收效率如何？是否还有别的方法能进一步提高税收效率？”

之所以时刻提醒自己这一点，原因在于大部分时间我是在加利福尼亚州度过的。那里，在缴税之后，我赚到的每一美元便只剩下可怜的 38 美分。当你被课以重税时，你很快就会变得敏感起来，所以我学会了一心只关注在付清山姆大叔的税款之后还能剩下多少钱。

每当有人告诉我某投资机会好像能带来诱人回报的时候，我的反应总是一样的：“是净收益吗？”很多情况下，对方都会回答：“不，是毛利润。”税前数字具有欺骗性，而净收益则不会撒谎。我们的目标应当一直是实现净收益最大化。

下面给大家看一个具体的例子：创意财富公司在适当时机可能会为

特定的客户推荐 MLPs（业主有限合伙制企业）。很快我就发现，这些公开交易的合伙制企业提供了一种投资石油、汽油和天然气管道等能源基础设施的简单方法。我的朋友 T・布恩・皮肯斯曾在石油行业赚了数十亿美元。我打电话问他："你怎么看待目前的 MLPs？"

他回答道，由于能源价格暴跌，它们的股价也出现暴跌。事实上，从 2014 年一直到 2016 年年初，石油价格下跌超过 70%。很多投资者认为这种下跌对 MLPs 是一个非常糟糕的消息，因为它们为能源行业的客户提供了基础设施。但是，MLPs，至少其中最好的那些受到的保护比看上去的要好得多。这是因为它们的客户通常会签署长期合同，并且以固定的费用换取使用这些设施的权利。这就为 MLPs 提供了年复一年的可靠收益流。

正如布恩所解释的那样，投资 MLPs 实际上并不是下注于石油和天然气价格。作为能源运输管道的业主，你更像是一名收费员。无论能源价格如何变化，你都需要不断地向美国输送能源，因为能源是国民经济的命脉。因此，作为 MLPs 的业主，你能非常准时地收取通行费。

与此同时，对于投资者来说，MLPs 股价暴跌其实是一个好消息。为什么这么说？因为这是对能源价格下跌的过度反应。大多数投资者都非常恐惧，而你可以在历史低位进行投资，即使一些最优质的 MLPs 的股价也下跌了 50%。

但是收费站仍然运转良好。之前售价 100 美元每股的某 MLP，每年支付每股 5 美元的特许权使用费——也就是每年 5% 的投资收益率；当股价降至 50 美元的时候，此 MLP 依然要支付每股 5 美元的费用，但这笔费用现在占年收益的 10%。这可能听起来不是什么好事，但在这个利率跌至谷底的时代，这比收益率为 2% 或更低的债券要划算得多。更有利的一点是，如果此 MLP 价格回升，你仍然拥有全部上涨空间。

下面我们拿出一点儿时间，看一下 MLPs 与 4 个核心原则中前 3 个原则的关系：

第一，不要赔钱。能源价格与 MLPs 价格下跌得非常厉害，不大可能再出现大的跌幅。石油预言大师 T·布恩·皮肯斯这样的专家也指出，由于价格暴跌，能源产量大幅削减。这意味着供应减少，并且即使需求减少，价格最终也会上涨。有了这一切做保证，赔钱的概率就大大降低了。

第二，风险－收益不对称。我们前面说过，此时能源价格与 MLPs 价格已几乎不存在赔钱的风险，但是能源价格最终回升和 MLPs 价格上涨的概率很高；并且你每年还能收取 10% 的收益。因此相信我，我很乐意坐在家中收取过路费。

第三，税收效率。更好的是，由于美国政府需要提高国内能源产量和销量，所以给予 MLPs 优惠的税收待遇。这样，你的大部分收入都被折旧费用抵消了，这意味着你大约 80% 的收入是免税的。因此，如果你每年的毛利润率是 10%，那么你每年的净收益率就是 8%。这相当可观，对不对？相反，你如果得不到这种优惠的税收待遇，那么当年的收入就要按照普通的收入所得税税率缴税。高收入者将把收入的 50% 用于缴税，净收益率就只剩下了 5% 了。换句话说，投资 MLPs 会使你的净收益率达到 8%，而不是 5%，其差别就是你的口袋里多了 60% 的收入。这就是税收效率的作用。

正如彼得将在下一章中介绍的那样，MLPs并非适合所有人——我们也不是在专门向你推荐它们。但我想在此着重说明的是一个应用更广泛的原则：重视税后收益，可以让你驶入致富的快车道。

顺便提一下，应当指出的是，几乎总会有某种资产类型、某国家或某市场在遭受重创的时候，能为你提供同样诱人的机会，让你获得风险–收益不对称的机会。

最后再补充一点，明智地对待税收也能帮助你对世界产生更大的影响。不要让政府决定如何花费你的钱财，而应当把决定权掌握在自己手中。我的生活之所以丰富多彩，是因为我能够支持那些让我欢欣鼓舞的事业。到目前为止，我能够提供价值2.5亿美元的免费餐食；我正与慈善机构赈饥美国合作，努力实现提供10亿美元免费餐食的目标。我还在印度每天为25万人提供淡水。我也在与地下铁路组织①合作，目前已协助从性奴役中解救出了1 000多名儿童。这些只是我可以分享的其中几个善举而已。之所以我能做这些事情，是因为我在投资中重视税收效率。

核心原则4：分散投资

核心4原则中最后一个原则，也是其中或许最一目了然、最根本的一个原则：分散投资。从本质上说，几乎所有人都明白，不要把所有鸡蛋放进一个篮子里。但你要明白该做什么与真正做了什么之间是有差别的。正如普林斯顿大学的伯顿·麦基尔教授对我说的那样，有效分散投

① 地下铁路组织（OUR）聚集了全球基因提取和打击贩卖儿童方面的专家，旨在终结奴役儿童的恶行。其团队成员包括美国中央情报局、海豹突击队以及特种部队前成员。他们协同作战，进行身份识别和基因提取工作。

资有 4 种重要方法：

第一，分散于不同资产类型。避免把全部资金投在房地产、股票、债券或者其他单一投资类型中。

第二，分散于资产类型内部。不要把全部资金投在某只中意的股票中，比如苹果公司的股票，或者单独某个 MLP，或者可能被风暴冲毁的滨水地产。

第三，分散于全球不同市场、国家和货币。我们处于全球化经济背景之下，因此不要犯只在自己国家投资的错误。

第四，分散于不同时间。你永远不会知道什么时间适合买入，但如果你能不断逐月、逐年地增加投资（换句话说就是采用成本平均法），那么久而久之你就可以降低风险，增加收益。

我们是这个星球上最后两只渡渡鸟了，所以为了安全起见，我把所有的蛋都放到了这个篮子里……

我采访的每一个能进入投资名人堂的投资者都时刻在思考这样一个问题：为了实现回报最大化、风险最小化，怎样分散投资才是上策？保罗·都铎·琼斯告诉我："我认为你要做的最重要的一件事就是分散投资组合。"这一观点得到了我采访过的约翰·博格、沃伦·巴菲特、霍华德·马克斯、戴维·斯文森、摩根大通资产管理集团的玛丽·卡拉汉·厄道斯以及其他很多人的赞同。

这一原则本身可能很简单，但实施起来就是另外一回事了，因为这需要大量的专业知识。这个问题十分重要，因此我们在下一章中将用大篇幅进行讨论。本书的另一位作者彼得·默劳克——他指导自己的客户成功地度过了2008—2009年令人胆寒的经济危机——将阐述如何构建符合客户需要的分散于不同类型投资渠道的资产配置，比如股票、债券、房地产以及其他备选项目。他的任务是帮助你构建投资组合，使你在任何情况下都能赚钱。

这听起来好像是有点儿夸张，但分散投资在最糟糕的情况下也能发挥作用。从2000年到2009年年底，美国投资者经历了后来人们所说的"失去的十年"，因为在这期间标准普尔500指数基本上是不景气的，尽管它出现过大起大落。但是精明的投资者没有把眼光仅仅局限于最大的美国股票市场。伯顿·麦基尔在《华尔街日报》上发表了一篇《"买入并一直持有"才是赢家》的文章。他在这篇文章里说道，如果你在2000年年初到2009年年底把投资分散于一些指数基金组成的篮子里——包括美国股票、国际股票、新兴市场股票、债券和房地产，那么最初10万美元的投资就会涨到191 859美元。这相当于在这个失去的十年期间获得了6.7%的年化收益率！

分散投资如此重要的一个原因是，这种投资方法可以保护我们免受人类固执己见的影响。人一旦认定了某种方法，或者认为自己已经对情况十分了解，就很容易变得固执、封闭。结果，很多人最终只会不断投资于某特定领域。例如，他们可能会把所有资产投到房地产上，因为他们在成长过程中发现房地产投资对他们的家庭有奇效，或者他们可能会成为狂热的黄金投机者，又或者他们可能把赌注全部下在热门的投资领域，比如科技股。

但问题是，任何事情都是有周期性的。热门投资可能瞬间遇冷，就像瑞·达利欧提醒我的那样："几乎可以肯定是，无论你打算把钱投到哪里，总有一天你会损失 50%~70%。"你能想象把大部分或者全部资金投到某领域后万分恐惧地看着它化为乌有吗？分散投资是你防范这一噩梦的保单，它可以降低你的风险，增加你的收益，且不产生额外费用。怎样才能构建成功的投资组合？

当然，分散投资的方法有很多。我在《钱》一书中详细地讨论了这方面内容，我列举了瑞·达利欧，以及约翰·博格和戴维·斯文森这样的金融大师推荐的资产配置方案。例如，戴维告诉我个人投资者可以这样分散投资：持有低成本指数基金。该基金可以投资 6 种真正重要的资产类型——美国股票、国际股票、新兴市场股票、房地产投资信托基金（REITs）、美国长期国债以及美国财政部通货膨胀保值国债（TIPS）。他甚至给出了每种类型投资额精确比例的建议。

瑞·达利欧独到的分散投资方式帮助他极大地降低了风险。我有幸于 2016 年年底举行的罗宾汉投资者会议上在我亲爱的朋友达利欧的讲话之后发表演讲。当时业内著名投资人都在聚精会神地听达利欧讲述自己高明的投资秘诀："投资的必杀技是持有15个或更多彼此间互不关联的投资项目。"

换言之，关键是要拥有一系列不同步的具有吸引力的资产。这对于确保投资安全意义重大。对他而言，这包括投资股票、债券、黄金、有价商品、房地产以及其他项目。达利欧强调，持有15个不相关的投资项目可以使你的整体风险降低大约80%；而且"可以提升20%的风险收益比。这样，风险降低了，收益提升了"。

我并不是在说投资活动中有一种你必须遵守的、完美无缺的万全之策。我真正想表达的意思是所有投资大师都把分散投资视作长期投资成功的核心要素。如果你效仿他们的做法，进行广泛的分散投资，那你就是在未雨绸缪，你将完全可以镇定自若地面对未来。

准备出发！

到现在为止，你已经遥遥领先于普通投资者，并跻身屈指可数的投资精英之列了，因为你理解了投资大师在做决策时会采用的4个核心原则。如果你遵照这些原则行动，那么你投资成功的概率一定会呈几何级快速增长。

在下一章中，我们将进一步深入探讨有关资产配置的具体细节。彼得·默劳克将阐述根据你的具体需要和具体情况采取定制方法的优点。通过他经验丰富的指导，你将学会如何构建分散的投资组合，以经受住任何风浪。记住：我们都知道经济冬天将要来临，也都清楚熊市是一种正常现象。大多数投资者生活在对它的恐惧之中，但你将会发现让冬天成为四季中最好季节的方法——享受乐趣的季节！

因此，请与我一道前进，无畏的勇士！是时候拿起武器，猎杀黑熊了！

第 七 章

征服熊市

如何安然度过市场暴跌和市场回调，
并加速实现财务自由

> 我懂了，勇气不是没有恐惧，而是战胜恐惧。勇者不是感觉不到害怕的人，而是能克服自身恐惧的人。
>
> **——纳尔逊 · 曼德拉**

通往无所畏惧之路

我在 31 岁时，因更换直升机驾驶执照，去医院做常规体检。体检后几天，医生给我发来了几条信息，要我给他打电话。当时我忙得四处奔波，根本没时间与他通话。一天晚上回家后我发现我的助手贴在我卧室门上的一张纸条上面写着："您必须给医生打电话，他说情况紧急。"

你可以想象当时我的大脑开始飞速运转。我对自己的健康非常关注，从未感觉有任何不适。哪里可能出问题了呢？在这种时刻，人常常会发疯。我开始胡思乱想："我四处奔波，因此可能与飞机上的辐射有关。

我是得癌症了吗？是快死了吗？”当然不是。

我定了定神，尽量睡了一会儿。第二天早晨醒来时，我心里充满恐惧和担忧。我给医生打了电话，医生对我说：“你需要做手术，你脑袋里长了一个肿瘤。”

我惊呆了，大声说道：“你说什么？你怎么知道的？”这位医生有些鲁莽，对病人态度不佳。他说他做了一些额外收费的血液检查，认为我体内有大量的生长激素。我身高超过 2 米，17 岁时一年就蹿了 0.25 米，因此傻子也能看出这一点。但他坚持认为这种疯长是由我大脑底部脑垂体的肿瘤引起的，希望我能马上过去切除肿瘤。

当时我计划第二天飞往法国南部，为“与命运有约”研讨会举办一场演讲，但现在却要放下手中所有事务马上进行手术？命运真会开玩笑啊！我没有听从医生的建议，径直前往参加研讨会，然后前往意大利，在一个名叫波托菲诺的美丽渔村住了下来。但就是在那儿我开始感到紧张害怕，表现得像换了一个人似的，动不动就发火生气。我这是怎么了？

从小到大，我一直生活在不安之中。当妈妈吸毒和生气的时候，她有时会对一些小事失去控制。如果她认定我在说谎，她就会把肥皂水倒进我嘴里，直到我呕吐为止，或者拽着我的头往墙上撞。从那时起，我一直都在训练和调整自己，目的是在不确定的世界中找到确定性。可是现在，这个医生的话一下子把我推进了万丈深渊，让我感到十分不安。突然间，我的世界被彻底颠覆了，我苦心经营的生活正处于崩溃的边缘。其实归根结底，如果你连这个最基本的问题“是生还是死”都不确定，那你如何能对其他事情有把握呢？

我坐在波托菲诺的一家教堂里为自己的生命祈祷，然后决定回家马上解决这个问题。接下来的几天像做梦一般。我记得从核磁共振机上下来的时候，实验室检测人员脸上的表情非常严肃。检测员说我脑部确实有一个肿块，但他无法向我解释，需要医生解释核磁共振扫描的结果。医生当时很忙，因此我不得不再等上 24 小时。此时我肯定自己身体出问题了，但不知道是否致命。

最后，医生与我见面，向我解释检查结果。核磁共振扫描证实了我脑部的确有个肿瘤，但结果也显示几年来这个肿瘤奇迹般地缩小了 60%。我没有任何不良症状，并且从 17 岁以后身高就再没长过。既然如此，为什么我还需要做手术？医生警告我，过多的生长激素可能会引发一系列健康问题，包括心脏衰竭。他说："虽然你不肯接受现实，但我们必须马上手术。"

手术会产生什么副作用？除了可能死于手术刀下的危险，最大的风险是手术可能会破坏我的内分泌系统，使我永远不能像以前那样精力充沛。我不打算付出这种代价。我的使命是帮助人们改变他们的生活，这需要充沛的精力和巨大的热情。我还在想的一个问题是，如果手术导致我无法从事我现在的工作，怎么办？你要知道，现在平均每个周末有 10 000 人参加我举办的活动，并且 4 天内持续了 50 个小时。当今世界，大多数人不会坐上 3 个小时看完一部耗资 3 亿美元的电影！因此，如果没有充沛的精力，我根本无法传授经验，无法让来自全球 40 个不同国家的人不仅全身心投入，而且感觉他们已经完全改变了自己的生活。

医生对我大发雷霆，说道："如果不做手术，你会有生命危险。"我想再听听其他医生的意见，但他拒绝推荐别的医生。

在朋友们的帮助下，最终我联系上了波士顿的一位著名内分泌专家。

他再次检查了我的大脑，然后同我一起坐下来讨论检查结果。他是一个非常风趣的人，充满激情，并且对病人的态度与上一位医生完全不同。他说我不需要手术，因为手术风险太大了。他建议我每年飞往瑞士两次，注射一种实验性药物，这种药物在美国还没有获得批准。他确信这种药物能阻止肿瘤发展，防止生长激素引发致命的心脏疾病。

当我告诉他上一个医生想要切开我的大脑的时候，这位专家笑着说道："屠夫想要宰杀，烘焙师想要烘焙，外科医生想要手术，而我想让你吃药！"他说得没错。为了做到万无一失，我们都喜欢做自己最擅长的事情。但问题是，这种药物也可能对我的充沛精力产生重大影响。这名内分泌专家看出了我为什么如此担忧，于是说道："你跟大力士参孙一样，害怕一旦头发被剪掉的话，自己就会失去力量。"

我问他如果我不采取任何治疗会出现什么情况——不做手术，也不打针吃药。他回答："我不知道，谁也不会知道。"

"为什么我还要服用这种药物？"

"你如果不服用这种药物，就无法确定自己会活下去。"他说道。

然而现在，我不再感到不安。没有证据表明在这 14 年的时间里我的健康状况出现恶化，所以又何必要孤注一掷地进行高风险的手术或者注射实验性药物呢？我又接着去看了其他很多医生，直到最后一个医生对我说："托尼，你的血液中的确存在大量生长激素，但没有任何副作用。事实上，它可能会帮助你更快地恢复体力。我认识一些健身运动员，他们每月需要花费 1 200 美元才能达到你一分钱不花的水平！"

最后，我决定每隔几年体检一次，看一下身体情况是否恶化，其他的什么也不做。当时我没有意识到自己的决定让我躲过了一颗致命的子弹：美国食品药品监督管理局后来取缔了那种药物，因为研究表明它致癌。尽管那名专家的初衷是好的，但他的错误建议差一点儿毁了我的生活。

你知道吗？25 年后，那个肿瘤依然在我脑内。但同时我的生活丰富多彩，我非常有幸能一直帮助数以百万计的人改善他们的生活。之所以能够这样，唯一的原因就是在面对不确定因素时我自己信念坚定。假如我反应过度，或者完全不考虑自己的选择，一味地盲从某个医生的建议，我就会损失部分大脑，或者患上癌症，又或者死去。假如我依赖他们求得自己心安，那后果可能是灾难性的。相反，我在自己身上找到了自信，尽管我的外部环境没有任何改变。

我是否可能因为脑内肿瘤明天就死去呢？有可能。我也可能会在过马路时被车撞死。但是，我不会生活在还没有发生的灾难的恐惧中，我会将其屏蔽掉。你也能够做到信念坚定，但这种能力你只能自己赋予自己。在涉及你生活中最重要的领域，比如你的家人、信仰、健康和财富时，你不能依靠其他人的建议做选择。能得到相应领域专家的指导当然更好，但你不能将最终决定权托付他人，你不能将自己的命运交由他人掌控，无论此人多么真诚或高明。

为什么我在这本有关财富与投资的书中向你讲述这个与生死有关的故事？因为我们一定要明白，生活中永远没有绝对的确定因素。如果你想确保自己在投资市场永远不赔钱，那么你只能把积蓄存起来——但这样的话你就永远没有机会实现财务自由。正如沃伦·巴菲特所说的："我们为确定性付出了高昂的代价。"

即便如此，很多人还是想避免投资风险，因为不确定性让他们感到恐惧。2008 年，美国股票市场暴跌 37%（从巅峰到谷底下跌超过 50%）。5 年后保德信金融集团做的一项调查显示，44% 的美国人依然发誓永远不再投资股市，因为他们被那次金融危机给他们留下的记忆吓破了胆。2015 年，另外一项调查显示，将近 60% 的千禧一代（1982—2000 年出生的人）不信任金融市场，因为他们亲身经历了 2008—2009 年的金融危机。根据道富公司应用研究中心的消息，很多千禧一代将他们 40% 的积蓄存了起来。

看到这么多千禧一代不敢进行投资，我感到很悲哀。因为我想告诉你：如果你生活在恐惧中，那么游戏还没开始你就已经失败了。如果你被吓得连冒险都不敢，那你怎么能有收获呢？正如莎士比亚在 4 个世纪之前所写的那样："懦夫在未死以前，就已经死了好多次；勇士一生只死一次。"

我要向你阐明的一点是，我并非建议你不计后果地去冒险。当关系到我个人的健康问题时，我拜会了许多专家，研究了所有可能性，用事实指引自己的行动——而不是受制于他人的情绪或专业性偏见，然后我做出了一个对自己有利的明智决定。这一过程让我从不确定中摆脱出来，并变得意志坚定，充满信心。

投资也是这个道理。你永远不会知道股票市场的未来走势，但这种不确定因素不应成为你无所作为的借口。你可以自我提高，研究市场的长期模式，效仿投资大师，在了解几十年来对他们有用的经验的基础上做出理性决定，进而掌控自己的投资行为。正如沃伦·巴菲特所说的："风险来自不知道自己在做什么。"

有一件事情我们的确非常肯定：未来一定会出现市场下跌的情形，

就像昔日的股票市场一样。但仅仅因为有受伤的危险就被恐惧支配，这样合理吗？相信我，发现自己脑中有肿瘤的时候，我非常痛苦，但在过去25年的时间里我活得风生水起，因为我学会了勇敢地生活。勇敢是否意味着没有恐惧？不是的。它意味着心中的恐惧减少了。当下一次出现熊市，其他人都被恐惧击垮时，我希望你能看清市场，坚定信念，减少恐惧。面对不确定因素时，你表现出的这种勇敢，能给你带来巨大的投资收益。

事实上，当其他人生活在对熊市的恐惧之中时，你会发现此时的熊市是你一生中创造财富的最佳机会。为什么？因为此时所有的投资产品都在贱价抛售。这就好比你突然发现可以用一半的价钱买到一辆梦寐以求的法拉利一样。此时你会不开心吗？绝对不会。然而当股票贱价抛售时，大多数人的反应好像是天塌了一样。你一定要明白，熊市是为你服务的。如果你能保持冷静，熊市就会加速你实现财务自由的进程。如果你能发现其中的确定因素，那么当市场下跌时你应当感到激动。

下面我把撰写本书的接力棒交到我的朋友兼搭档彼得·默劳克手中，他将介绍他和他的创意财富公司是如何度过2008—2009年那场惊心动魄的熊市危机的。彼得不愿意吹嘘自己所取得的巨大成就，但我想告诉你的是，他处理危机的手段十分高明，他公司管理的资产从2008年的5亿美元涨到了2010年的180亿美元，并且他几乎没有进行过任何广告宣传或市场营销——目前他管理着220亿美元资产，而且数额还在增加。此外，创意财富公司是目前唯一一家被《巴隆周刊》连续3年评为最佳独立投资顾问的公司。

彼得会告诉你如何为熊市做好准备，以及如何从中受益。他会告诉

你，所有这一切都始于构建分散的投资组合，这样有助于旱涝保收。他会给你提供宝贵的建议，传授有关资产配置的艺术。有了这些知识，你就不必担心市场动荡。当其他人纷纷逃离市场时，你可以坚守阵地，开始猎熊！

为熊市做好准备（彼得·默劳克）

> 我在交易中始终遵循这样的原则：在别人贪婪时我恐惧，在别人恐惧时我贪婪。几乎可以肯定的是，恐惧情绪现在很普遍。
>
> ——沃伦·巴菲特在2008年10月解释自己为什么在股市暴跌时买入股票的讲话

暴风之眼

2008 年 9 月 29 日，道琼斯工业平均指数暴跌 777 点。这是史上单日最大跌幅，1.2 万亿美元的财富瞬间蒸发。同一天，波动率指数（VIX index）达到历史最高点。2009 年 3 月 5 日，市场被自大萧条以来最严重的金融危机摧毁，暴跌 50%。

这是一场可怕的风暴。银行纷纷倒闭，飙升的基金破产了，重重地摔回地面。华尔街一些最著名的投资者眼看着自己名誉扫地。然而，在回顾那段动荡的岁月时，我觉得那是我职业生涯中的高光时刻——当时我的财富管理公司创意财富公司指导自己的客户安全上岸，我们不但帮他们从市场暴跌中存活了下来，而且还帮他们从之后的市场反弹中获得巨大收益。

托尼要求我跟大家分享这个故事，因为它体现了本书的一个中心思想：熊市可能是最佳时期，也可能是最坏时期，这取决于你自己的决定。如果你做出错误决定，就像 2008 年和 2009 年大部分人所做的那样，那么熊市会让你遭受巨大利益损失，让你一夜回到解放前；但你如果做出正确决定，就像我的公司和客户所做的那样，就没有什么可担心的，甚至会欢迎熊市，因为它为头脑冷静的逢低买入者创造了无与伦比的绝佳机会。

当很多人沉入海底时，我们的船只是如何在风暴中幸存下来的？首先，我们乘坐的船只更安全。早在熊市出现之前，我们就做好了准备，因为我们知道不会永远是蓝天白云，飓风天气是不可避免的。我们谁也不知道熊市何时到来，有多么严重或者会持续多久，但正如你在第二章中了解到的，它们已经出现过了：在过去115年的时间里平均每3年出现一次。因此我们没有理由因恐惧而躲藏起来，我们应当确保我们的船只能够经得起大风大浪，无论形势如何。

正如我们将在本章详细讨论的那样，应对市场动荡有两种主要方法。第一，你需要合理的资产配置——这个时髦的术语指的是不同类型资产所占的比例，其中包括股票、债券、房地产以及其他项目。第二，你需要有足够保守的定位（留出部分资金以备不时之需），这样你就不会在股票下跌时被迫抛售。投资中的这种做法相当于在出海之前确保船只配备安全吊带、救生衣和充足的食物。我发现，在熊市中幸存下来，90%要归功于准备充分。

另外的10%是什么？这与你在风暴中的情绪有关。许多投资者觉得他们会在寒冬中被冻僵，正如你自己可能会经历的那样，当市场突然崩溃、人心惶惶的时候，这种情绪会非常强烈。这就是要找一个久经沙场的财务顾问帮忙的原因之一。这样做相当于为自己准备了一种情绪镇定器，它可以帮助你保持冷静，不至于在最糟糕的时刻动摇，更不会跳海！

我们的客户所具备的一个优势是，我们提前做了很多工作来教育他们，因此在股市下跌时他们不会感到震惊。他们明白自己为什么拥有自己所拥有的，也知道这些资产在股市下跌时可能会有怎样的表现。这就好比医生会提前提醒你某种药物可能会让你感到头晕、恶心，这样当这些反应出现时你就不会感到惊讶，并从容地应对。

即便如此，一些客户仍然需要大量安抚工作。“我们不应该现在就把股票脱手换成现金吗？”他们问道，“这次下跌与以往没什么不同吗？”

这让我想起了约翰·邓普顿爵士说过的一句名言：“投资中最昂贵的四个字是‘这次不同’。”在市场下跌期间，人们总是认为这次与以往不同。人们每天遭受媒体传播的坏消息的打击，并开始怀疑市场是否会复苏，或者是否什么东西彻底出问题了，无法被修复了。

詹姆斯从未下床，他在投资领域中所看到的没有其他的，全是危险。

我不断地提醒自己的客户，美国历史上每一次熊市最终都会变成牛市，无论当时的消息多么令人沮丧。关于这一点，你只需回忆一下 20 世纪发生的诸多灾难和危机就清楚了：1918 年的流感造成了全球 5 000 万人死亡；1929 年的华尔街大崩溃，以及紧随其后的经济大萧条；两次世界大战；从越南战争到海湾战争的诸多流血冲突；导致尼克松总统辞职的水门事件；无数次经济衰退和市场恐慌。在那个充满混乱动荡的世纪中，股票市场的发展状况如何？道琼斯工业平均指数从 66 点一路飙升至 11 497 点。

大家必须记住的是，一个多世纪的历史发展经验显示，短期前景可能看起来很糟糕，但股市总会反弹。你为什么要对抗这种具备弹性和复苏特点的长期模式？这种历史视角赋予了我一种不可动摇的平和心态，我希望它能帮助你把目光投向回报，不管我们在未来岁月里可能遇到怎样的市场回调和危机。

一流投资者都知道，市场低迷不会持续太久。例如，约翰·邓普顿在第二次世界大战的黑暗时期通过投资极其廉价的美国股票赚到了自己的第一桶金。他后来解释道，他喜欢在“最悲观的时候”投资，因为那时到处都是便宜货。同样，沃伦·巴菲特在 1974 年大举投资，当时市场受到阿拉伯石油禁运和水门事件的冲击。当其他人沉溺于绝望情绪时，他却极其乐观地告诉《福布斯》杂志：“投资致富的时候到了。”

从心理角度看，当悲观情绪泛滥时，买入并非易事，但回报往往来得非常快。标准普尔 500 指数在 1974 年 10 月跌入谷底，然后在接下来的 12 个月里上涨了 38%。1982 年 8 月，通货膨胀失控，利率接近 20%，标准普尔 500 指数再次触底反弹，在 12 个月内飙升 59%。你能想象那些在熊市期间因为恐慌而大量抛售股票的投资者的感受吗？他们不仅犯了锁定损失的灾难性错误，还错失了市场复苏时的巨大收益。这就是恐惧的代价。

2008 年，当熊市再次袭来时，我决心要充分利用这次机会。我不知道市场何时会复苏，但我确信它一定会复苏。在危机最严重的时候，我曾致信给我们的客户：“市场保持如此低的估值水平简直是史无前例的……只有两种可能的结果：一是我们所熟知的美国走向末日，二是市场迎来复苏。每次投资者下注于前者时，他们都输了。”

在整个股市崩盘的过程中，我们代表客户继续大举投资股市。我们从债券等强势资产类型中获利，并将收益投资于美国小盘股和大盘股、国际股票和新兴市场股票等弱势资产类型。我们没有下注于单个公司，而是买入了指数基金，这让我们在这些被严重低估的市场上迅速（以低成本）实现了分散投资。

结果如何？2009 年 3 月触底反弹后，标准普尔 500 指数在短短 12 个月内飙升了 69.5%。在 5 年时间里，该指数上涨了 178%。这证明了我们的观点，即熊市是送给具有长远眼光的机会主义投资者的完美礼物。在我写作本书的时候，市场已经从 2009 年的低点上涨了 266%。

你可以想象，我们的客户欣喜若狂。我很自豪地说，我们的客户在股市下跌时表现得很坚定，几乎没有任何人弃船逃生。结果，他们从市场复苏中获得了丰厚的利润。在我的记忆中只有两个客户例外，其中一个是新客户，他放弃了我们的战略。危机爆发前不久，他来到我们这里寻求帮助。我们帮助他分散投资，使他在房地产市场崩盘时保全了一大笔钱。但是他无法承受股票市场的波动，惊慌失措之下把所有资产都换成了现金。

一年后，我打电话给他询问他的近况。那时，市场已经大幅反弹。但他仍在观望，因为恐惧不敢投资。据我所知，他仍在等待，并错过了过去 7 年的整个牛市。正如托尼提到的，你会为确定性付出高昂的代价。

在那段时间离开创意财富公司的另一位客户则是被媒体铺天盖地的危言耸听式的新闻吓坏了。他听到一位专家说市场将下跌 90%，或许美元将崩溃，美国将宣布破产。这些警告把他吓坏了。更糟糕的是，他的女儿推波助澜，加剧了这种恐惧。他女儿在高盛公司工作，那里不乏才华横溢的人。一位同事让她相信，金融体系将会崩溃，黄金是唯一的避风港。她父亲听从了这一建议，在市场表现最糟糕的时候把股票变现，并买了黄金，但结果却损失了一大笔钱。几个月后，当我与他交谈时，股市正在飙升，但他担心现在入市已经太晚了。他沮丧到了极点。

说起这件事让我很难过，但这两位前客户都因为在熊市期间做出的草率决定而遭受了永久性的财务损失。为什么会这样？因为他们的情绪占了上风。在下一章中，我们将研究如何避免一些误导投资者的最常见的心理错误。但首先，让我们关注一个同样重要的主题：如何通过构建分散的投资组合来为下一次熊市做好准备，从而降低风险、提高回报。这将使你在任何环境中都能创造越来越多的财富，让你晚上睡得香甜安稳。

成功的要素

诺贝尔经济学奖得主哈里·马科维茨曾做过一个著名的论断：分散投资是投资活动中“唯一的免费午餐”。如果真是如此的话，那么午餐中都有哪些配料呢？我们将在这里快速浏览股票、债券和其他类型的投资产品。然后，我们将讨论如何将这些投资产品整合在一起，从而创建合理的投资组合。但在此之前，我们有必要弄清楚为什么投资组合必须包含多个资产类型。

让我们从一个简单的思维实验开始。想象一下我家里有一群客人。我给他们每人 1 美元，让他们过马路。碰巧，我住在一条安静的郊区公路旁边，车辆很少。所以我的提议感觉像是给他们送钱一样。但是假设我修改一下这个提议，这次我给他们两个选择：要么他们穿过我所在的街道，得到1美元；要么穿过一条四车道的公路，得到1美元。没有人会接受横穿公路的提议。但如果我出价1 000或10 000美元呢？总会有一个数字足以诱使某人穿过那条危机四伏的公路。

我上面阐述的是风险和收益之间的关系。你在这两种情况下都有受伤的风险，随着风险的增加，回报也必须增加，这样才算是公平的交易。你因承担额外风险而获得的额外报酬被称为风险溢价。专家在决定你的资产配置时会评估每种资产的风险溢价。资产风险越高，投资者要求的收益率就越高。

作为一名投资理财顾问，我通过组合不同风险特征和不同收益率的资产类型来为客户构建投资组合。我们的目标是什么？目标是平衡你预期获得的收益和你愿意承担的风险。分散投资的绝妙之处在于，其可以让你在不承担更大风险的情况下获得更高的回报。为什么？因为不同的资产类型通常不会同时发生变化。例如，2008年，标准普尔500指数下跌了38%，而投资级债券上涨了5.24%。如果你同时持有股票和债券，那么，与只持有股票相比，你承担的风险更少，而获得的回报更多。

现在，来看一下能帮助你实现目标的主要资产类型。

股票

买股票不是买彩票。买股票会使你成为一家现实中的企业的股东。你的股票价值将根据公司的预期价值而起伏。许多企业还按季度向股东支付分红。通过投资股票，你从一个消费者变成了一个所有者。如果你买了一部苹果手机，你就是苹果产品的消费者，而如果你购买苹果公司的股票，你就是该公司的所有者，你有权获得该公司未来一定比例的收益。

作为一名股票投资者，你期望赚多少钱？这是无法预测出来的，但我们可以把过去看作一个(非常)粗浅的参照物。从历史上看，一个多世纪以来，每年股市平均收益率都在9%到10%之间。但这些数据具有欺骗性，因为股市在此过程中可能会剧烈波动。市场每隔几年下跌20%至50%并不罕见。平均而言，市场每4年下跌一次。你需要认识到这一现实，这样你就不会在股市暴跌时感到震惊，从而避免承担过大的风险。与此同时，认识到市场每4年就有3年是赚钱的也是很有益的。

在短期内，股市是完全不可预测的，尽管有专家声称他们知道将会发生什么。2016年1月，标准普尔500指数突然下跌11%，然后来了个180度大转弯，几乎以同样的速度上升。

为什么会这样？美国最受尊敬的投资者之一霍华德·马克斯坦白地对托尼说："下跌没有什么合理的理由。同样，经济复苏也没有什么合理的理由。"

但从长期来看，没有什么比股市更能反映经济发展状况。随着时间的推移，经济增长，人口增加，工人的生产效率也会提高。这种处于上升期的经济势头使企业更加有利可图，股价也因而上涨。这就解释了为什么尽管经历了战争蹂躏、经济崩溃和危机，市场仍在20世纪一路飙升。现在你明白为什么长期投资股市是值得的了吧？

没有人比沃伦·巴菲特更明白这一点了。2008年10月，他为《纽约时报》撰写了一篇文章，鼓励人们在美国股票价格低廉时买入，尽管当时的金融界“一片混乱”，“各种消息持续令人恐慌”。他这样写道：“回想一下第二次世界大战初期，当时美国在欧洲和太平洋地区的处境非常糟糕。1942 年 4 月，早在盟军的命运被扭转之前，市场就已跌入谷底。同样，20 世纪 80 年代初，购买股票的时机正是通货膨胀飙升、经济陷入困境的时候。**简而言之，坏消息是投资者最好的朋友。**它可以让你低价购买美国的未来。从长远来看，股市消息将是利好的。”

我建议你一定要记住这句话：“从长远来看，股市消息将是利好的。”如果你真正理解了这一点，它就会帮助你保持耐心，坚定信念，最终发家致富。

那么股票在你的投资组合中应当处于什么位置？如果你认为 10 年后经济和企业会有更好的表现，那么将相当一部分资金投入股市是明智的。在 10 年的时间里，市场几乎总是在上涨。不过，这也不能保证任何事情。贝莱德集团的一项研究显示，从 1929 年到 1938 年，市场平均每年下跌 1%。好消息是什么？该公司指出，在这 10 年的连续下跌之后，市场恢复了上行轨迹，在连续两个 10 年实现强劲上涨。

当然，挑战的关键是要在市场中停留足够长的时间，这样才能享受这些收益。你最不希望看到的就是在长期熊市中被迫抛售股票。如何避免这种命运？首先，不要过那种入不敷出的生活，也不要背负太多债务，因为这两种生活方式肯定都会将你置于脆弱的境地。尽可能地保持一定的金融缓冲能力，这样你就永远不必在股市暴跌时通过抛售股票来筹集现金。构建和维持这种缓冲能力的方法之一是投资债券。

债券

当你购买债券时，你实际上是在向政府、公司或其他实体贷款。金融服务行业喜欢让这些事情看起来复杂，但其实它们很简单。购买债券就是贷款给别人。当你贷款给美国联邦政府时，它被称为国库券；当你贷款给某城市、州或县时，它叫市政债券；当你贷款给微软这样的公司时，它就是公司债券；当你贷款给一家不太可靠的公司时，它被称为高收益债券或垃圾债券。你看，现在你已经完成了关于债券知识的学习！

作为一个放贷人，你能赚多少钱？这要视情况而定。贷款给美国政府赚不了多少钱，因为它违约的风险很小。贷款给委内瑞拉政府（该国今年的通货膨胀率可能会达到700%）的风险大得多，因此利率也高很多。这再次体现了风险和收益之间的关系：贷款给美国政府是要求你在阳光明媚的日子里穿过一条车辆稀少的乡间小路，而贷款给委内瑞拉政府则是要求你在暴风雨之夜戴着眼罩穿过一条繁忙的公路。

公司破产，因而无法偿还债券持有人的可能性高于美国政府拖欠贷款的可能性，所以公司必须支付更高的利息。同样，刚起步的科技公司想要借钱，必须支付比微软这样的蓝筹股巨头更高的利率。像穆迪公司这样的评级机构使用AAA和Baa3等术语对企业的信用风险进行评级。

另一个关键因素是贷款期限。美国政府目前为10年期贷款每年支付大约1.8%的利息。如果你把这笔钱借给政府30年，你每年将获得大约2.4%的利息。为什么贷款时间越长获得的利率越高？原因很简单：时间越长，风险越大。

为什么债券值得购买？首先，债券比股票安全得多，因为法律会要求借款人偿还你的债务。如果你持有的债券到期，你就可以收回所有的贷款本金，以及利息，除非债券发行人破产。作为一种资产类型，债券在大约 85% 的年份里都能提供有效回报。

那么债券对你的投资组合有什么意义？退休或无法忍受股市波动的保守投资者，可能会选择将大部分资产投资于债券。不那么保守的投资者可能会将一小部分资产投资于高质量债券，以满足未来 2 到 7 年可能出现的任何财务需求。更积极的投资者可能会把一部分资金投入债券，以便在股市开市时为自己提供资金。这正是创意财富公司在金融危机期间的做法：我们卖出了客户的一些债券，并将收益投资于股市，从而抢购到了千载难逢的便宜货。

但还有这样一个问题：在当今怪异的经济环境下，人们很难对债券抱有热情，因为其收益率极低，因此你所冒的风险只能获得微不足道的回报。投资美国国债似乎尤其没有吸引力，因为最近美国国债的收益率创下了历史最低水平。国外的情况更糟：意大利政府最近以 2.8% 的利率发行了一种 50 年期债券。千真万确！如果你把钱借出去半个世纪，幸运的话可能每年能赚 2.8%——但前提是这个经济脆弱的国家没有陷入困境。这是我见过的最糟糕的赌注之一。

现在的问题是，你如果以现金的形式保存资金，就什么也赚不到。事实上，考虑到通货膨胀，持有现金就是在赔钱，而债券至少可以提供一些收入。在我看来，债券是目前洗衣堆里最干净的脏衣服。

另类投资项目

除了股票、债券和现金以外的任何资产形式都可以被称为另类投资产品，其中包括奇异资产，比如你收藏的巴勃罗·毕加索作品、摆满稀有葡萄酒的酒窖、空调车库里的老爷车、无价的珠宝，以及 10 万英亩[①] 的牧场。我们将在这里集中讨论几种最普遍的另类投资产品，因为它们的受众可能更广泛一些。

首先，我要提醒你，许多另类投资产品缺乏流动性（换句话说，难以被销售），税收效率低下，而且成本高昂。通常情况下，它们有两个吸引人的特性：一是它们可以（有时）产生超高收益；二是它们可能与股票和债券市场无关，这意味着它们可以帮助你分散投资，降低整体风险。例如，即使股市下跌 50%，你的净资产也不会缩水 50%，因为你的鸡蛋没有都放在一个篮子里，因而你面临的任何挑战都要小得多。

让我们看一下 5 种另类投资产品。前 3 种我比较喜欢，后两种我不太喜欢。

- 房地产投资信托基金。我相信你一定认识这样一些人，他们通过直接投资住宅型房地产而获得了丰厚回报。但是，我们大多数人无法通过拥有大量的房屋或公寓来实现分散投资。这也是我喜欢投资公开交易的房地产投资信托基金的原因之一。它们为实现广泛的分散投资提供了一个简便、低成本的方式。例如，你可以持有一些投资于公寓楼、写字楼、高档住宅设施、医疗机构或购物中心等资产的房地产投资信托基金。你可以从相关房地产价格的上涨中获益，也可以获得安全的经常性收入。
- 私募股权基金。私人股本公司将汇集起来的资金用于买入某家公司的全部或部分股权。然后，它们可以通过重组业务、削减成本和减

① 1 英亩≈ 4 046.86 平方米。—编者注

少税收等方式提升公司价值。最终，它们会尝试以更高的价格转售该公司。这类操作的优点是：拥有真正专业知识的私募股权基金可以赚取巨额利润，还可以通过在私人市场运营，帮助你进行分散投资。这类操作的缺点是：这些基金流动性差，风险高，收费高。创意财富公司能够利用其商业关系以及 220 亿美元的资产，投资美国排名前十的私募股权基金。它们的最低投资额通常是 1 000 万美元，但我们的客户的最低投资额是 100 万美元。正如你所看到的，这种投资方式并不对所有人开放，而且最好的基金很可能会收取高额费用。

- 业主有限合伙制企业。我是业主有限合伙制企业的忠实粉丝。这些企业代表的是一种公开交易的合作伙伴关系，主要涉及能源基础设施，包括石油和天然气管道。它的吸引力何在？正如托尼在上一章中提到的，我们有时会推荐这些公司，因为它们能以一种节税的方式带来巨额收益。对于许多投资者来说，这些建议毫无意义（尤其是如果你还年轻或者把钱存在个人退休账户中），但对于一个 50 岁以上的拥有一个庞大的纳税账户的投资者来说，这些建议可能非常棒。
- 黄金。有些人几乎有一种宗教式的狂热信仰，认为黄金是防范经济衰退的最佳工具。他们认为，如果经济崩溃、通货膨胀飙升或美元崩溃，黄金将是唯一真正的货币。我是怎么看待黄金的呢？黄金不产生收入，也不是一种重要的资源。正如沃伦·巴菲特曾经说过的："黄金是在非洲或其他什么地方被挖掘出来的。然后我们把它熔化，再挖一个洞，将它埋起来，并花钱雇人站在旁边看守它。黄金没有用途。任何在火星上看到这一幕的人都会挠头，百思不得其解。”即便如此，金价偶尔也会飙升，所有人都会蜂拥而至！但无例外，每次黄金价格最终都会回调。从历史上看，股票、债券、能源大宗商品和房地产的表现都优于黄金。所以别把我算在内，我是不会投资黄金的。

- 对冲基金。创意财富公司的投资组合中没有对冲基金的位置。为什么不将其纳入其中？一些私人合伙企业多年来表现出色，但它们只是一小部分，其中最好的企业往往不对新投资者开放。问题是，对冲基金在投资中的每一个主要方面都存在巨大的劣势：费用、税收、风险管理、透明度和流动性。不管业绩如何，大多数公司每年都会收取 2% 的费用，再加 20% 的投资者利润。你能得到什么回报？从 2009 年到 2015 年，对冲基金的平均表现连续 6 年落后于标准普尔 500 指数。2014 年，美国最大的养老基金 ClaPERS（加州公务员退休基金）完全放弃了对冲基金。在我看来，对冲基金是为那些希望上当受骗的人或想要豪赌一把的投机者而特意打造的。它们可能会让一些人变得富有，但不太可能是我们这样的人。

资产配置的个性化定制方法

现在你知道都有什么配料了，但是你应该怎样把它们组合起来做一桌完美的饭菜呢？事实上，没有一种方法是适合所有人的。然而，许多投资顾问在资产配置方面采用千篇一律的方法，忽视了重要的客户需求差异。这就像给素食者上牛排，给食肉者上甘蓝沙拉。

一种常见的错误方法是，用一个人的年龄来确定此人投资组合中债券的比例。例如，如果你 55 岁，那你 55% 的资产会被配置成债券。在我看来，这种做法过于简单化了。实际上，你持有的资产类型应该与你个人需要实现的财务目标相匹配。毕竟，正在为孩子大学学费攒钱的 55 岁单身母亲的当务之急，与刚刚以数百万美元的价格卖掉了自己的公司、想要创建一份慈善事业的 55 岁企业家是不同的。仅仅因为他们的年龄相同，就认为他们的需求是相同的，是没有道理的。

另一种常见的方法是根据一个人对风险的承受能力进行资产配置。作为客户，你需要填写一份调查问卷，以确定你是一个激进的投资者还是保守的投资者，然后，你可以购买一个预先打包好的被认为适合这类投资者的标准投资组合。在我看来，这种方法同样是错误的，因为它忽略了你个人的需求。如果你厌恶风险，但除非你大量投资股票，否则没有办法享受退休生活，那么你该怎么办？此时如果把你的投资组合设置成一个充满债券的保守投资组合，那么这只会让你失望。

应该如何解决资产配置的问题？在我看来，你和你的投资顾问必须回答的真正问题是：什么样的资产类型最有可能让你从现在的位置到达你需要到达的位置？换句话说，投资组合的设计必须基于你个人的具体需求。

你的投资顾问首先应该清楚你现在的处境（起点），你愿意并能够存多少钱，你需要多少钱，以及你什么时候需要钱（终点）。一旦明确了这些需求，你的投资顾问应该提供一个定制化的解决方案，以帮助你实现这些需求。但是，你能在不雇用专业人士的情况下自己解决所有这些问题吗？当然可以，不过这样做的风险很高，而你又不想把事情搞砸。

所以寻求帮助可能还是有意义的，除非你对投资非常熟悉。

假设你需要保证未来 15 年的平均收益率为 7%，以享受退休生活。那么你的投资顾问可能会认为，你应该将资金中的 75% 用于投资股票，25% 用于投资债券。不管你是 50 岁还是 60 岁。大家请记住，决定你资产配置的应当是需求，而不是你的年龄。一旦你的投资顾问确定了满足这些需求的合理配置，你们应该讨论一下你是否能忍受可能经历的市场波动。如果不能，那么你可以下调自己的目标，你的投资顾问可以制定一个更保守的资产配置方案，帮你实现这个下调后的目标。

经验丰富的投资顾问会根据你的具体财务状况为你制定个性化的投资组合。假设你在一家石油公司工作，并将净资产中的很大一部分投资到了公司的股票上。在这种情况下，你的顾问会相应地调整你的资产配置组合，以确保你不会将过多资产置于能源领域。

另一个重点是制定一个能使你的纳税义务最小化的个性化投资计划。假设你让一个新投资顾问看了你现有的投资组合，结果他认为你的资产配置明显不合理，因此建议你进行全面调整。在理想化的世界里，这名投资顾问可能是正确的。但是，如果你的投资组合表现良好，而卖出它们会让你背上沉重的税收负担，你该怎么办？经验丰富的顾问首先会评估卖出这些资产的税收影响。这样一来，你就可能会采取一种更稳妥的方法，例如，使用每月额外的收入来逐步建立新的资产配置组合。

问题的关键是，你需要一个高明的投资顾问为你私人定制投资组合，以满足你的私人需求。一种适用于所有人的资产配置方式可能是灾难性的。这就像你去看医生，医生告诉你："我给你开的这种药是世界上治疗关节炎最好的药物。"而你的回答是："很好，医生，但是我没患关节炎！我感冒了。”

核心投资与探索边缘投资

在结束这一章之前，我想向大家介绍一些关键的指导原则，大家在构建（或重建）自己的投资组合时一定要谨记在心。这些原则是创意财富公司赖以生存的原则，我相信它们会使你大受裨益。

1. **资产配置带动收益。**让我们从最基本的常识开始：资产配置将是决定投资回报的最重要因素。因此，在股票、债券和另类投资产品之间追求合理的平衡是你所能做的最重要的投资决定。无论选择哪种组合，都要确保你的资金分散在多个资产类型中，并实现全球化分散投资。想象一下，如果你是一个把所有资金都投在国内股市的日本投资者：日本股市至今依然低于它在 1989 年达到的疯狂高点。这带给我们的教训是：永远不要把你的未来押在一个国家或一种资产类型上。

2. **把指数基金当作投资组合的核心部分。**创意财富公司使用一种我们称为“核心投资与探索边缘投资”的资产配置方法。我们为客户建立的投资组合的核心组成部分都是美国股票和国际股票。我们利用的是指数基金，因为它能以一种低成本、节税的方式助你实现广泛的分散投资，而且从长远来看，其表现好过大部分主动管理型基金。为了实现最大限度的分散投资，我们希望持有各种规模的股票：大盘股、中盘股、小盘股和微盘股。通过如此广泛的分散投资，你可以防范市场某部分（科技股或银行股等）崩盘的风险。通过投资指数基金，你可以享受市场长期上行的福利，并免受费用和税款的侵蚀。对于投资组合的其他部分，我们还需要考虑一些更复杂的因素，这部分内容将在后面讨论。

3. **一定要有财务缓冲。**你永远都不希望在最糟糕的时刻被迫抛售股票，因此，如果有可能，一定要保持财务缓冲能力。我们致力于确保我们的客户有适当规模的固定收益投资，比如债券、房地产投资信托基金等。我们还在这些资产类型中进行了广泛的分散投资，例如，我们投资于政府债券、市政债券和公司债券。如果股市崩盘，我们可以出售一些固定收益投资（理想情况下是债券，因为它们的流动性较高），然后用这些收益以较低的价格在股市中买入股票。这使我们能够把熊市视为朋友，而不是可怕的敌人。

4. **7 年定律。**理想情况下，我们希望客户将自己 7 年的收入用于债券和房地产投资信托基金等固定收益投资项目。如果股市崩盘，我们可以利用这些固定收益来满足客户的短期需求。但如果你无法拿出多年的收入进行投资，怎么办？你只要从一个可实现的目标开始，并不断提高标准就可以了。例如，你可以从存 3~6 个月的收入开始，然后努力工作数年，最终完成拿出 7 年收入用于投资的目标。如果这听起来不大可能，那么请看一看美国联合包裹服务公司（UPS）员工西奥多·约翰逊的精彩故事吧。他的年收入从未超过 1.4 万美元。他把每次工资加奖金的 20% 存起来，投资于他公司的股票。到 90 岁时，他已经积累了 7 000 万美元！这个故事带给我们的启示是：永远不要低估有计划的储蓄与长期复利相结合所产生的惊人效果。

5. **探索边缘投资。**我们客户的投资组合的核心部分是指数基金，这些基金的收益率与市场收益率完全持平。但也有必要尝试其他的一些投资策略，因为这些策略偶尔能够带来非常不错的效益。例如，一位富有的投资者可能会增加对高风险、高回报的私募股权基金的投资。你可能还会认为，像沃伦·巴菲特这样的投资者具有某种特殊优势，因此有理由将你资金中的一小部分用于购买他旗下伯克希尔–哈撒韦公司的股票。

6. **再平衡**。我非常相信再平衡，即定期，比如说，一年一次将你的投资组合重新按照原来的投资目标配置。在创意财富公司，当出现机会时我们会立即买入，而不是等到年底或季度结束时再买入。我们是这样运作的：假设你一开始的投资组合是60%用于股票，40%用于债券。之后股市暴跌，你会发现自己持有45%的股票和55%的债券。你可以通过卖出债券和购买股票来实现再平衡。正如普林斯顿大学教授伯顿·麦基尔告诉托尼的那样，不成功的投资者往往会买高卖低。麦基尔说，再平衡的一个好处是，它会"让你做相反的事情"，迫使你在投资产品失宠或被低估时购买它们。这样，当市场复苏时，你就会大赚一笔。

你如果听从上述建议，就能安然避过任何风暴。当然，当新闻中充斥着令人恐惧的各种消息时，你也会有动荡不安的时候。但令你感到欣慰的是，你知道自己的投资组合已经适当地进行了分散投资，因此它能够承受任何市场动荡。

在第二章中，我们知道了没有必要害怕市场回调。我希望你现在能明白也没有必要害怕熊市。事实上，熊市提供了千载难逢的购买便宜货的绝好机会，你借此有机会实现跨越式发展，让你的财富水平更上一层楼。熊市是礼物，平均每三年出现一次。熊市不仅仅代表着生存的时刻，更代表着实现富裕的良好时机。

但是我们都知道，理论和实践之间存在很大区别。只要想想我以前的客户就明白了：他在上一轮熊市中从股市变现，把所有钱都押在了黄金上。恐惧使他放弃了精心制订的投资计划，该计划本可以确保他在未来实现彻底的财务自由。所以，你如何确保自己的情绪不会失控，让你偏离轨道呢？

下一章的重点是如何掌控财富心理，这样你就不会犯我们一遍又一遍地看到的那些常见的、完全可以避免的投资理财错误。你会发现，阻碍投资成功的真正障碍只有一个：你自己！你一旦知道如何压制自己内心的敌人，就没有什么能阻止你取得成功了。

第三部分

财富心理

第八章

压制内心的敌人

投资者常犯的6个理财错误以及如何避免犯错

投资者主要的问题，甚至他最大的敌人，很可能是他自己。

——《聪明的投资者》作者、沃伦·巴菲特的导师

本杰明·格雷厄姆

祝贺你终于读完了本书的规则手册和实操手册，现在你已经掌握了坚定信念所需的知识。

你已经明白了需要注意的事项，已经了解了可以让你从不可避免的市场回调和崩溃的恐惧中解脱出来的事实，已经完全掌握了这个星球上著名投资者的成功策略。你还获得了有关费用的宝贵知识，明白了如何找到真正合格的高效投资顾问。这些赋予了你巨大的优势，并极大地增强了你的投资能力，让你即使面对不确定性也能保持头脑清醒。你已经拥有了一条经过验证、行之有效的通往财务自由的途径。

但是我不得不问的一个问题是：什么可能会把这一切搞砸？

我可以提醒你一下：能搞砸这一切的不是外部因素，而是你自己！**没错，对你的经济状况构成最大威胁的就是你自己的大脑**。在此我并不是想侮辱你，只是在投资方面，人类的大脑天生就容易做出愚蠢的决定。你可以做任何正确的事情——投资低成本的指数基金，实现费用和税收最小化，明智地进行分散投资。但如果不能掌控自己内心，那么你很可能最终沦为一种代价高昂的牺牲品，并破坏自己的投资理财成果。

事实上，这只是众多方面的一部分。在生活的方方面面，无论是约会、婚姻、养育子女、职场、健康、健身、财务，还是其他方面，我们都可能成为自己最大的敌人。之所以如此，是因为我们的大脑天生就会趋利避害，逃避痛苦，寻求快乐。我们都会本能地渴望得到任何可能立即带来回报的东西。不用说，这并不利于做出明智的决策。

事实上，在与金钱打交道时，我们的大脑特别容易做出错误的决定。

正如我们将要讨论的，一些心理偏见或盲点使得理性投资变得异常困难。这不是我们的过错，而是人性的一部分。事实上，它就像被植入你大脑中的一段错误代码。

本章的目的是向你提供一些重要的理念和工具，你可以利用它们将自己从与生俱来的心理倾向中解放出来，而这些心理倾向让很多人在追求财务自由的过程中受到阻碍。

让我列举一个我们都可能遇到的常见的心理障碍。神经科学家发现，大脑中处理经济损失的部分与应对致命威胁的部分是相同的。大家可以想一下这意味着什么。假设你是一个正在森林里寻找晚餐的狩猎者，突然一只咄咄逼人的剑齿虎跳了出来。你的大脑进入高度戒备状态，向你发送紧急信息，让你搏斗、站着别动或赶紧逃命。你可能会抓起离你最近的石头或矛，以准备和野兽搏斗，或者你可能会撒丫子逃跑，躲进黑暗的洞穴里。

我们再想象一下，现在是 2008 年，你是一个将大部分毕生积蓄投入股市的投资者。全球金融危机重创市场，你的投资收益一落千丈，你的大脑开始思考对策，应对你正在损失大量金钱的现实。在你的大脑看来，这在经济层面就相当于那只剑齿虎在你面前咆哮，准备把你当作晚餐。

结果会发生什么？出现红色警报！大脑中的生存机制会开始向你发送信息，告诉你有生命危险。从理性上讲，你可能知道在市场崩盘期间最明智的做法，是在股票价格低廉时买进更多股票，但是你的大脑却告诉你卖掉所有股票，马上套现，并藏到床底下（比躲进洞穴更方便），直到威胁消除。这就难怪大多数投资者都做错了！这是人类生存机制的一个糟糕的副作用，这使我们常常会感到惊慌失措，因为我们的大脑认为经济崩溃必然导致死亡。

重要的不是现实，而是我们对现实的信念。

我们的信念向我们的神经系统发出直接指令。信念不是别的，只不过是能绝对控制我们行为的某些感觉。如果处理得当，信念可能是创造美好事物的最强大的力量，但我们的信念也会限制我们的选择，严重阻碍我们的行动。如何解决这 问题？如何才能绕过数百万年来根植于我们大脑和信念系统中的求生本能，从而学会在暴跌的市场（或饥饿的老虎）面前岿然不动？

看起来似乎过于简单了一些，但你真正需要的只不过是一套系统解决方案——一个可以抵消或尽量降低我们存在缺陷的原始机制的危害的制衡系统。内在的控检系统十分必要，因为仅仅了解现实还是不够的，你还需要系统的能力以执行每一次任务。

试想一下，航空业中人为失误的后果可能是毁灭性的。航空公司必须每次都遵循正确的程序。所以它们会通过一系列的系统解决方案和一系列的控检系统将风险最小化。机上的副驾驶员负责提供一系列可能拯救机上人员生命的检查和平衡，以防机长出错。如果机长在洗手间，那么副驾驶员就不仅仅是在那里驾驶飞机，而且还是在每一个可能出现的决策点上充当后备选择。此外，机长和副驾驶员已经飞行了多少小时并不重要，关键是他们必需不断地监控详细的检查列表，以确保平安到达目的地。

在投资方面，人为失误可能不是生死攸关的问题，但投资失误仍可能是灾难性的。关于这一点，只要问问那些在金融危机中失去住房的人、那些付不起孩子大学学费的人，以及那些无法享受退休生活的人就知道了。这就是为什么投资者也需要简单的系统、规则和程序来保护他们免受自己的危害。

不仅要知道，更要做到

最优秀的投资者都敏锐地意识到他们需要这种简单的系统，因为他们认识到，尽管自己能力很强，但也有可能投资失败，让自己陷入万劫不复的痛苦境地！他们明白仅知道该做什么是不够的，还需要践行自己所知道的事情。这就是系统的作用。

在我担任保罗·都铎·琼斯教练的 20 多年里，我的工作重点一直是不断更新和改进他用来评估和做出投资决策的系统。事实上，当我第一次见到保罗的时候，他刚刚进行了历史上最伟大的投资之一，他在1987年“黑色星期一”的市场中赚了个盆满钵满——那是不光彩的一刻，市场在一天之内下跌了22%。保罗当年为他的投资者带来了几乎难以想象的200%的回报。但在这惊人的成功之后，他变得过于自信——这是一种常见的偏见，你将在本章中了解更多这方面的内容。结果，他不再严格地按照建立在自己多年经验之上的重要系统的指导行事。

为了纠正这种偏见，我开始研究他作为投资者的行为发生了怎样的变化。我拜见了保罗的同行（包括一些历史上最杰出的投资者，比如斯坦利·德鲁肯米勒），采访了他的同事，并观看了他在最成功时期进行交易的视频。基于这种深入的理解，我与保罗一起创建了一份清单：一组他可以在进行任何交易之前用作制衡手段的简单标准。

例如，我们设立的标准之一是，在进行任何投资（或交易）之前，他必须首先认识到这是一项艰难的交易，即这不是每个人都能做的交易。

其次，他严格要求自己，确保存在风险-收益不对称。为了确定这一点，他会问自己：“这符合3∶1原则吗？这符合5∶1原则吗？我能以最小的风险获得最大的回报吗？潜在的好处是什么？潜在的坏处是什么？”再次，他会坐下来问自己：“其他投资者的临界点是什么？什么时候他们会由于价格过高或过低而退出市场？”然后，他会利用这种洞察力来确定自己进入市场的时机。最后，如果他的预测被证明是错误的，那么他也会确定自己何时退出市场。

其中的模式是什么？保罗标准中的共性是一组简单的问题，他用这些问题检验自己的想法，从而更客观地看待投资形势。

所有这些问题虽然为保罗提供了一份很不错的清单，但能让它发挥作用的却是纪律约束。毕竟，系统只有在你使用它的时候才能发挥作用！为了确保这一点，我让保罗给他交易团队的全体成员写了一封信，明确规定他们不能进行任何投资，除非他们与他核实并询问了我们上面列出的这些问题："这真的是艰难的交易吗？其中真的存在风险－收益不对称吗？符合 5∶1 原则还是 3∶1 原则？进入市场的时机在哪里？退出市场的时机在哪里？"

保罗的团队还被要求在开盘之后不得处理任何订单。换句话说，他们不得在中午交易。为什么？因为保罗观察到交易者在这个阶段的交易中往往会以高价买进，以低价卖出，而这相当于把自己的权力白白送给别人。

正如你所看到的，像保罗这样的著名投资者明白一个基本的道理：心理因素要么造就你，要么毁掉你，因此，必须找到一个能使你坚持目标的强大系统。在这一章中，我们将一起创建一份简单的清单，其中有六个需要注意的方面和有效的应对措施，掌握了这些，你便可以确保长期投资成功。

心理因素80%，运作方式20%

40 年间，我研究了很多不同领域中的成功人士，他们从事投资、商业、教育、体育、医药和娱乐等行业，结果我一再从这些成功人士身上发现这样一个事实：成功 80% 归于心理因素，20% 归于运作方式。

投资者心理学是一门内容极其丰富且复杂的学科。事实上，有一个名为行为投资学的领域专门研究导致投资者非理性行为的认知偏差和情绪。这些偏差往往会导致人们做出一些代价高昂的错误投资决策，比如试图把握市场时机、在不了解费用真正影响的情况下进行投资，以及没有做到分散投资。

在这里，我们的目标是把事情阐述得简单明了。在本章中，我们将解释你真正需要知道的一个最大的心理陷阱，并告诉你如何避免你的大脑可能导致你犯下的常见投资错误，免受其困扰。

正如瑞·达利欧对我所说的那样："如果你知道自己的局限性，那你就能够适应情况并最终成功。但如果认识不到自己的局限性，你就会受伤。"通过制定系统的解决方案，你可以将自己解放出来，摆脱局限，并像地球上最优秀的投资者那样灵活操作。

错误1：执着于自己的信念
为什么卓越的投资者乐于接受与自己信念相左的观点？

在 2016 年唐纳德·特朗普和希拉里·克林顿的总统竞选大战期间，你可能会与自己的朋友们展开激烈的政治辩论。但你是否曾有过这样的感觉：这根本就不是一场辩论——因为每个人的心中都早有定论。爱特朗普、恨希拉里的人，或者反过来恨特朗普、爱希拉里的人，情绪都非常强烈，似乎没有什么能改变他们的观点。

这一点被我们现代媒体用消费的方式放大了。不同的媒体立场各异，因此也形成了各自特定的受众群，如微软全国广播公司（MSNBC）

或福克斯新闻。然而，我们的新闻也比以往任何时候都更容易受到脸书和其他媒体的渗透影响。这感觉就像是我们处于一个回音室中，大家都在听那些和我们观点相同的人讲话。

2016 年的总统大选是“确认偏误”的一个很好的例子。确认偏误是指人类倾向于寻找和重视能够确认我们自己的先入之见和信念的信息。这种倾向还会导致我们避开、低估或忽视任何与我们的信念相冲突的信息。

对于投资者来说，确认偏误是一种危险的倾向。

假设你对某只过去一年中在你的投资组合中表现出色的股票情有独钟。你的大脑自然就会寻找并相信那些能证明你应当持有它的信息。毕竟，我们的大脑喜欢证明，尤其是证明我们有多么聪明和正确。

投资者经常浏览那些能增强他们对所持股票信心的时事新闻和讨论，他们还会通过阅读有关正为他们带来可观收益的热门行业的正面宣传文章来提升信心。但如果情况发生变化，一路飙升的股票或行业一落千丈，那该怎么办？我们能否改变自己的观点、承认自己犯下了错误呢？

你是否能够灵活地改变自己的方法，还是说你的头脑被偏见所束缚呢？

彼得·默劳克在同一位新客户近距离接触中发现了这样一种现象。这位客户此前曾凭借一只十多年来一路飙升的生物科技股票大赚了一笔，她投在这只股票里的资金接近 1 000 万美元。彼得和他创意财富公司的团队为该客户制订了一个有效的分散投资计划，大大减少了这只股票给她带来的风险。客户起初同意了，但后来改变了主意，声称她“了解”自己心爱的股票，并且深信它会继续飙升。她对彼得说：“我不在乎你说什么，反正多亏了这只股票才有了我的今天。”

在接下来的4个月里，彼得的团队一直试图说服她进行分散投资，但客户不听。在此期间，股价下跌了一半，她损失了500万美元。她心烦意乱，但拒绝让步，一心想要等待股票回升。但股票再也没有回升。假如当时她听从了这个经过深思熟虑、与自己的信念相悖的建议，那么她现在很可能正走在一条财务完全自由的人生道路上。

事实上，这也是另一种被称为禀赋效应的情感偏见的例子。在这种效应中，投资者倾向于放大他们已经持有的产品的价值，而忽略其客观价值。这种情感偏见使人们很难放弃已有的事物并购买更好的产品。事实上，爱上某项投资从来都是不明智的做法。俗话说得好，爱情是盲目的！不要因为爱情而乱了自己投资的阵脚。

解决方案：提出更好的问题，找到与你意见相左的高人

一流投资者深知自己很容易受到确认偏误的影响，因此他们会尽一切努力来消除这种影响。关键是要积极地寻找与自己信念不同的合理意见。当然，并不是任何人的不同观点都是有益的，你想要的是一个有能力、有良好业绩、有智慧的人给出的一个与众不同、见解深刻的观点。并非所有的观点都有益。

没有人比沃伦·巴菲特更明白这一点。他经常向自己那位93岁的商业伙伴查理·芒格请教。巴菲特在2014年年度报告中回忆道，芒格曾说服他改变投资策略，让他相信有一种更明智的投资方法：“忘掉你所知道的以划算的价格收购合适企业的策略，相反，你应当以合适的价格

收购优质企业。”

换句话说，历史上最伟大的投资者沃伦·巴菲特曾公开将自己的成功归于愿意听从合伙人的建议，因为合伙人的“逻辑是无可辩驳的”。我们倾向于寻求能够证实我们自己的观点，如果能抑制这种倾向，其效果就是这样明显。

瑞·达利欧也痴迷于寻找不同的观点。他告诉我：“在市场上很难做到一贯准确，所以我发现非常有效的方法是找到那些不同意我的人，然后找出他们的理由……见解深刻的不同意见的力量是伟大的。”正如达利欧所说的，关键问题是：“哪些情况是我不了解的？”

作为一名投资者，你可以找到自己尊敬的人（理想情况下，其中最好有一位有着非凡长期业绩的投资顾问），向他们提出问题，以此来发现你所不知道的东西，从而获得巨大收益。每当我考虑一项重大投资决策时，我都会与想法不同的朋友交谈，包括我的那位聪明的朋友、天才企业家彼得·古伯。我先介绍我的想法，然后问道：“我可能哪里错了？我哪些地方没有看到？缺点是什么？我没有预料到什么？我还应该向谁咨询以加深我的认识？”这些问题可以帮助我避免确认偏差的危险。

错误2：把最近的事件误认为是持续的趋势
为什么大多数投资者在完全错误的时间购买了错误的产品？

最常见、最危险的投资错误之一是认为当前的市场趋势将保持下去。当投资者的预期没有得到满足时，他们往往会反应过度，结果导致之前看似不可避免和不可阻挡的趋势发生戏剧性逆转。

2016 年的总统大选之夜就是一个很好的例子。当时遥遥领先的希拉里·克林顿预计将以压倒性优势获胜——或者至少是在几乎所有民调中拥有“明显优势”。在选举日当天中午，美国的博彩公司认定她将有 61% 的获胜机会。但到了当晚 8 点，形势彻底逆转，博彩公司的赔率显示特朗普有 90% 的机会获胜。随着选举结果逐渐明朗，投资者开始惊慌失措，因为他们对未来的预期突然发生了天翻地覆的变化。市场反应剧烈，道琼斯指数下跌 900 多点。

具有讽刺意味的是，第二天，市场很快朝着相反的方向发展。随着投资者开始适应新现实，道琼斯指数上涨了 316 点。我们亲眼见证了特朗普获胜后持续数周的市场反弹。我在 2016 年 12 月撰写本书的时候，标准普尔 500 指数刚刚连续第三天创下历史新高，道琼斯工业平均指数创下了一个月来的第 11 个历史新高。自大选以来，股市在 7 星期内上涨了 6%。

你觉得投资者现在感觉如何？非常高兴，事实就是如此！当你发觉市场正在“飞速飙升”时，很难不感到喜悦！也许你会悄悄地看一下自己的投资组合，在发现它是有史以来价值最高的之后志得意满。真是甜蜜的生活啊！

当然，我不知道市场将何去何从，正如世界上伟大的投资者会告诉你的那样，其他人也不知道！但我却知道人们在这种时候会忘乎所以。随着情绪高涨、信心提升，他们开始相信美好的时光会持续下去！同样，当市场暴跌时，他们相信它永远不会复苏。正如沃伦·巴菲特所言：“投资者会把他们最近看到的东西投射到未来，这是他们改不掉的习惯。”

我们对此的解释是什么？实际上，这种心理习惯有一个专业术语，被称作近因效应。这只是一种时髦的说法，它指的是在评估未来发生某事的可能性时，最近的经历在我们的脑海中占据更重要的位置。在市场处于牛市期间，大脑中的神经元能帮助你记住你最近的积极经历，而这会让你产生一种这种积极的趋势可能会持续下去的判断。

为什么这一点比较麻烦？因为如你所知，股票市场风云变幻，牛市会让位于熊市，熊市也会转变为牛市。你不会想成为那种在阳光下曝晒许久后便得出再也不会下雨的结论的人吧。

伟大的事情不是由那些屈服于潮流、时尚和大众意见的人完成的。

——杰克·凯鲁亚克

我最近采访了著名经济学家哈里·马科维茨，他因发展了现代投资组合理论而获得诺贝尔经济学奖：该理论是我们今天所熟悉的利用资产配置来降低风险的许多方法的基础。哈里是一位金融天才，年逾 90，对世上所有事情都已经司空见惯，所以我很想和他谈谈我们需要避免的最常见的投资错误。

他告诉我："小投资者的最大错误是在市场上升时因认为市场将进一步上升而买入，以及在市场下跌时因认为市场将进一步下跌而卖出。"

事实上，这只是相信当前投资趋势必将持续的更广泛情况中的一部分。投资者一再陷入购买热门产品的陷阱，比如特斯拉汽车公司股票这样一路飙升的股票，以及新兴的五星级公募基金，然后放弃不那么热门的股票。就像哈利所说的那样:“什么上涨他们买什么！”人们认为这些明星股票将一路火热下去。但正如我们在第三章中所警告的：今天的赢家往往会成为明天的输家。你可能还记得，一项研究考察了248只获得晨星五星评级的股票基金。10年后，只有4只基金保住了这个评级。

即便如此，经纪人通常会推荐前一年表现优异的基金，但这些基金在第二年往往会表现不佳。投资者往往会在派对即将结束时赶到，其结果就是错过所有收益，并遇上所有的损失。戴维·斯文森对此的总结相当准确。他告诉我:“人们喜欢购买表现良好的基金，因为他们想得到收益。然后，当这些基金表现不佳时，他们就会将其卖掉。所以他们实际上是在高价买进，低价卖出。这不是赚钱之道。”

解决方案：不要抛售，要进行再平衡

世界上最优秀的投资者都会制定一套用于指导投资生活的简单规则，这样当他们变得情绪化时，还能坚持原则，并长期保持目标不变。你也可以为自己的投资生活制定一个神奇的计划表。你可以与你信任的人分享你的计划——对方最好是一位经验丰富的投资顾问，他可以帮助你坚持这个计划，确保你不会违反自己制定的规则，做出冲动的决策。他就相当于飞机驾驶舱中帮助你安全飞行的副驾驶员。

这些投资规则中非常重要的一个是分散投资，即把资金分散投到股票、债券和另类投资产品中。你的比例是多少？[①] 如果你不提前确定分散投资比例，当情况发生变化时你的情绪也会跟着变化，你可能会对眼前的情况做出反应，而不是一直坚持自己那种长期理想的资产配置。如果你还记得的话，解决这个情绪障碍的方法之一就是每年定期调整一次你的投资组合。

这是什么意思？哈里·马科维茨给我举了一个通俗易懂的例子：某个投资者的投资组合一开始是股票占60%，债券占40%。如果股市飙升，她的投资组合可能会变成股票占70%，债券占30%。因此，她会主动卖出股票，买进债券，从而使自己的投资组合恢复到原来的资产配置比例。哈里表示，再平衡的精妙之处在于，它可以有效地促使你低买高卖。

错误3：过度自信
高估我们的能力和知识水平会导致灾难性后果

请原谅我在这里问及你的个人隐私，但请让我问你三个问题：你的驾驶技术超过一般人的水平吗？你是一个比较称职的爱人吗？你比一般人好看吗？别担心，你可以在心中默默给出答案。

我之所以问你这些无礼的问题，是为了抛出一个可能对你的财务未来至关重要的基本观点：人类有一种危险的倾向，即认为自己比实际情况更好（或更聪明）。这种心理偏见在心理学上被称为过度自信。简而

① 如果你想在这方面得到更多的指导，可以阅读《钱》，该书为你提供了简单明确的设定资产配置百分比的分步指导。

言之，我们总是高估自己的能力、知识和未来前景。

曾有无数研究描述了过度自信产生的一些神奇而荒谬的影响。例如，一项研究发现 93% 的实习司机认为自己的驾驶水平高于平均水平。在另一项研究中，94% 的大学教授认为自己的授课水平高于平均水平。甚至有研究发现，79% 的学生认为他们的品行比大多数人更好，尽管其中 60% 的学生承认他们在上一年的考试中曾经作弊。我们每个人都把自己想象成“我永远不会那样做”的道德少数派中的一员。

这一切让我想起了作家加里森·凯勒虚构出来的明尼苏达小镇沃布冈湖镇：“小镇上所有女人都很健康，所有男人都很英俊，所有孩子都比一般孩子都优秀。”

那么，个人投资者是如何变得过度自信的呢？在很多情况下，某个专业人士会让他们相信，有一项热门的新投资产品会击败所有其他投资产品，这个人的激情会让这些投资者失去理智、盲目自信。换句话说，某人的推销技巧提升了另一人误入歧途的可能性。

有些人在企业经营或生活方面非常成功，所以他们就想当然地认为自己作为投资者也一样会成功。但是，正如你现在所知道的，对于这些成功人士来说，投资比最初看起来更复杂、更具挑战性。

是否有些人群更容易过度自信呢？金融学教授布拉德·巴伯和特伦斯·奥迪安对过去 5 年逾 3.5 万个家庭的股票投资活动进行了研究。他们发现，男性在投资时尤其容易变得过度自信！事实上，男性的交易量比女性多 45%，而这导致其每年的净收益减少 2.65%。当你再加上高昂的交易费用和税金时，你会发现过度交易确实是一场灾难。

但还有另一种形式的过度自信，其代价甚至可能更高——认为自己

（或随便哪一位电视上的专家、市场策略师或博客作者）可以预测股票、债券、黄金、石油或任何其他资产类别的未来。“如果你无法预测未来，最重要的是一定要承认这一点”，霍华德·马克斯告诉我，“如果你确实没有能力预测，但还想尝试一下，那无异于自杀”。

解决方案：面对现实，开诚布公

消除过度自信最好的方法之一，就是站在镜子前问自己：“我真的有能力成为一名跑赢市场的投资者吗？”除非你有一些秘方，比如霍华德·马克斯、沃伦·巴菲特和瑞·达利欧等杰出投资者所拥有的精准信息和分析能力，否则从长远来看，你没有理由相信自己能跑赢大盘。

既然如此，你该怎么做？其实很简单，按照霍华德、沃伦、约翰·博格、戴维·斯文森和世界上其他伟大的投资者告诉普通投资者的那样去做：投资于低成本的指数基金，然后不管情况好坏都坚持持有它们。这将为你带来市场回报，而你还不需要承担主动管理型投资者必须承担的三重负担：高昂的管理费、高昂的交易费和高额税款。霍华德说：“如果你不能增加价值，不能创造风险－收益不对称，那么你能做的最好的事情就是把成本降至最低。”换句话说就是：只投资指数基金。

指数基金还能让你实现广泛的分散投资，这是防范过度自信的另一种有效保护措施。归根结底，分散投资就相当于承认自己不知道哪种资产类别、哪种股票或债券、哪个国家的市场会表现更好，所以你要每样都持有一些。

这里出现了一个重要的悖论：通过承认自己不具备特别优势，你就给了自己一个巨大的优势！为什么这样说？因为你会比那些过度自信的投资者做得更好，而他们自欺欺人地相信自己能做得更好。在投资活动中，自欺欺人会引发最可怕的结局。

错误4：贪婪、赌博、追求本垒打

人们很容易孤注一掷，但胜利属于那些稳扎稳打的幸存者

19 岁那年，我在加利福尼亚州马里纳德尔雷一个靠近太平洋的高档社区租了一套房子。一天，我在往当地一家干洗店送衣服时，一辆敞篷劳斯莱斯轿车停了下来，车上走下一个漂亮女人，我一下子就被吸引住了。在她取衣服的时候我们聊了起来，我问她和她的家人是做什么的。她告诉我，她丈夫在做股票投机生意，而且做得很好。我说："我能够看得出来。您能推荐一些吗？"

她回答道："事实上，现在就有一只很不错的股票。"她告诉了我一只热门股票的名字，我想告诉你的是，这感觉就像上天赐给我的礼物！绝对可靠，消息绝对可靠！所以我拿了 3 000 美元——当时对于我来说这是一笔巨款，我将这些钱全都押在了那只股票上。大家猜猜结果如何？ 3 000 美元打了水漂！天哪，我觉得自己就像一个白痴。

正如我从那次痛苦的经历中学到的，在投资方面，贪婪和缺乏耐心是非常危险的品质。我们都有这样一种倾向：希望尽快得到最大最好的结果，而不是关注于随着时间的推移而产生的微小、渐进的变化。赢得投资游戏的最佳方法是获得可持续的长期回报。但是，一局定输赢的本垒打极具诱惑力，尤其当你认为别人比你更快致富的时候。

但问题是，当你试图打出本垒打时，很容易被三振出局。这一结果可能是毁灭性的。正如我们在第 6 章所讨论的，所有一流投资者都首先着眼于不赔钱。还记得我们一起上过的数学课吗？如果你在一项投资上损失了 50%，你需要 100% 的回报才能回到最初的阶段——这能轻易花费你 10 年的时间。

不幸的是，我们天生就有赌博的欲望。游戏行业深知这一点，并巧妙地利用了我们的生理和心理特点：获胜时，我们的身体会释放一种叫作"内啡肽"的能使人们产生快乐情绪的化学物质，我们因而不想停下来；失败时，我们也不想停止，因为我们渴望那种内啡肽，也想避免失败带来的情感痛苦。赌场知道如何控制我们：向场内泵入额外的氧气使我们提神醒脑，以及通过不断给我们提供免费饮料来减轻我们的压抑情绪！说到底，我们玩得越多，他们赢得就越多。

华尔街的做法与此如出一辙。经纪公司乐于看到客户进行大量交易，因为这样会产生大量费用。他们试图通过宣传其所谓的市场洞察力来吸引你。没错，就是这样！你认为这纯属巧合吗？你的在线交易平台看起来和听起来都像是一个赌场，其中有绿色和红色两种颜色、不断滚动的股票行情、不断变换的即时消息和持续不停的叮当声，这一切都是为了激发你的投机心态。

金融媒体强化了这样一种感觉，即市场就是一个巨大的赌场，能使投机者快速致富！人们很容易被套牢，这就是为什么那么多人在热门股票上押注、买卖期权、进出市场，结果赔得精光。所有这些活动利用的都是人们赌徒式的想中头彩的欲望。

你需要明白的是，短期投机和长期投资是有天壤之别的。投机者注定要失败，而遵守规则的投资者在市场上虽然会历经跌宕起伏，却为胜利做好了准备。这要归功于长期复利的作用。华尔街的取胜之道是让你变得更活跃，但你的制胜法宝应是耐心地在投资游戏中坚持数十年。记住，正如沃伦·巴菲特所说的："股市是一种将财富从没有耐心的人手中转移到有耐心的人手中的工具。"

解决方案：投资是马拉松，不是冲刺跑

这里有一个重要问题：在实践中，怎样才能让你内心的投机者闭嘴，迫使自己成为一个耐心的长期投资者呢？

一个经常思考这个问题的人是著名的价值投资者盖伊·施皮尔。盖伊 20 年前就开始参加我的活动，他认为是我激励他效仿一流投资者。他采用了这一理念，模仿沃伦·巴菲特的长期投资策略。2008 年，为了能与巴菲特共进午餐，盖伊和另一位对冲基金经理甚至向慈善机构捐赠了 65.01 万美元。

在盖伊看来，对于大多数投资者来说，成功的最大障碍之一是，他们被华尔街的喧嚣分散了注意力。这使得他们很难长期持有他们的投资项目，也很难利用复利的强大力量。例如，他们频繁检查自己的投资业绩，听从所谓的市场专家所做的毫无用处的预测。盖伊说："你每天在电脑上查看股票价格或基金价格的行为会向大脑输送糖果，你体内会产生内啡肽。你必须意识到这是一种会令人上瘾的行为，必须立即停止，离糖果远点儿！"

盖伊的建议如下：一年只检查一次自己的投资组合；彻底放弃收看

金融类电视节目；忽略华尔街公司公布的所有调查结果，要认识到这些公司的动机是推销产品，而不是分享智慧。他解释道："绝大多数所谓的有关股市的分析和信息，实际上只是为了诱使人们行动，让我们扣动扳机，因为有人会从我们的行动中赚钱。我们必须将那些信息屏蔽掉。"

盖伊建议人们研究沃伦·巴菲特和约翰·博格这样超级耐心的投资者的智慧，并据此制定"一份更健康的信息食谱"。这样做会产生什么样的结果？盖伊说道："这样做就是在给自己的大脑灌输思想，这些思想会让你更容易从长远的角度思考问题，采取行动。"

错误5：闭门不出
世界如此之大，大部分投资者为何总是待在家中？

人类天生喜欢待在自己的舒适区。你如果住在美国，就可能更喜欢吃奶酪汉堡配薯条，而不是由鹅肝酱、肉饼或蜗牛组成的大餐。同样，你可能会经常光顾某家杂货店、加油站或咖啡店，而不愿冒险去更远的地方。

在投资方面，人们也倾向于坚持选择自己最了解的产品，更愿意相信自己最熟悉的事物。这就是所谓的"本土偏好"。这是一种心理偏见，其会导致人们过度投资于自己国家的市场——有时还会过度投资于他们雇主的股票和他们自己所在的行业。

对于我们的穴居祖先来说，本土偏好是一种精明的生存策略。如果你冒险远离自己的活动范围，谁知道会有什么危险在等着你呢？但在我们这个时代，全球投资实际会降低你的整体风险，因为各个市场并不完全相关，这意味着它们的走势并不同步。

你不应当过度投资任何一个国家——即使它是你生活的地方，因为你永远不知道它什么时候会陷入困境。20 世纪 80 年代末，日本投资者投资组合中的 98% 为国内股票。这使这些投资者在 80 年代的大部分时间里都得到了丰厚的回报，当时日本似乎处于世界之巅。然而 1989 年，日本市场崩溃，并且至今没有完全恢复过来。这就是“恋家”的巨大代价！

晨星公司的一份报告显示，截至 2013 年年底，美国公募基金投资者在美国股市中的平均持股比例接近 3/4（73%）。然而，美国股市只占全球股市的一半左右（约 49%）。换句话说，美国人明显增持了美国市场的股票，这使得他们在英国、德国、中国和印度等海外市场的风险敞口相对较小。

事实上，不只是美国投资者对世界其他地区抱有怀疑态度。行为金融学专家理查德·泰勒和卡斯·桑斯坦曾经撰文写道，瑞典投资者平均将 48% 的资金投在瑞典股市，尽管瑞典的经济总量只占全球的 1%：“美国或日本的理性投资者会将其 1% 的资产投资于瑞典股票，而瑞典投资者却投了 48 倍之多，这合理吗？不。”

解决方案：开阔视野

这种做法其实相当简单。正如我们在前几章中所说的，你需要进行广泛的分散投资，不仅要针对不同的资产类别，还要针对不同的国家。与投资顾问讨论你的全球资产配置是有意义的。一旦你决定了对国外市场进行一定投资，就应该在你的成功投资清单上写下国内外市场占比的精确数字。同样重要的是，还要把你购买这些投资项目的原因写下来。这样，当你的投资组合中某部分表现不佳时，你就可以提醒自己分析其中的原因。

一流投资顾问会帮助你保持长远的眼光，这样你就可以避免落入那个常见的陷阱，即执着于某个热门市场。具有深厚历史感的哈里·马科维茨告诉我："在到目前为止的很长一段时间内，美国市场的表现一直好于欧洲市场……新兴市场也经历了一段干旱期，但这些情况会经常变化，它们并非一成不变。"

通过在全球进行分散投资，你不仅降低了整体风险，而且还提高了回报率。大家还记得我们说过的 2000 年到 2009 年那失去的十年吗？当时标准普尔 500 指数的年化收益率（包括股息在内）只有 1.4%。在此期间，国际股票平均年化收益率为 3.9%，新兴市场股票平均年化收益率为 16.2%。因此，对于那些在全球范围内进行分散投资的投资者来说，失去的十年只不过是前进道路上的一个小坎而已。

错误6：消极心态和损失厌恶
大脑希望你在混乱的时候感到恐惧——别听它的！

人类有一种自然的倾向，那就是回忆负面经历时会比回忆正面经历时更生动。这就是所谓的负面偏见。当我们还在穴居的时候，这种心理偏见十分有用，因为它能帮助我们记住火是会伤人的，某些浆果可能会毒害我们，同一个体形比你大两倍的猎人打架是愚蠢的。回忆负面经历在现代社会也很有帮助：你忘记了今天是你的结婚纪念日，结果被妻子赶到狗窝里住，因此你学会了永远不要再犯同样的错误。

但是，负面偏见是如何影响我们的投资方式的呢？谢谢你的提问！如你所知，市场回调和熊市经常出现。请记住：自1900年以来，市场回调平均每年发生一次，熊市每三到五年出现一次。你如果经历过2008年至2009年的熊市，就会对这些痛苦会有更深的体会。如果像许多其他投资者一样，你的基金或股票下跌了1/3或一半（甚至更多），那么你不太可能很快忘记那些负面经历。

现在，我们都知道了，一流投资者都喜欢市场回调和熊市，因为此时所有投资产品都在低价出售。到目前为止，我相信你已经记得沃伦·巴菲特想要“在别人害怕的时候变得贪婪”，而约翰·邓普顿爵士也借此机会发了大财——你还记得吗？没错，这些就发生在“人们极度悲观的时候”。此时此刻，我猜你的理性思维已了解到市场崩溃是创造长期财富的绝佳机会，而不是什么可怕的事情！但是负面偏见使得普通投资者很难根据这种认识采取行动。

为什么？因为在市场动荡的时候，我们的大脑会充斥着这些负面经历。事实上，大脑中叫作杏仁核的部分就像一个生物报警系统，当我们赔钱的时候，它会向我们的身体发出大量恐怖信号。即使是很小的市场回调也会引发我们的负面记忆，这导致许多投资者反应过度，因为他们担心市场回调会演变成崩盘。在熊市期间，这种恐惧反射超速运转，使得投资者担心市场永远不会复苏。

更糟糕的是，心理学家丹尼尔·卡尼曼和阿莫斯·特韦尔斯基还证明，经济损失给人们带来的痛苦是经济收益给人们带来的快乐的两倍。

被用来描述这种心理现象的术语是损失厌恶。

问题是，亏损会给投资者带来巨大的痛苦，他们往往会为了避免这种可能性而采取非理性的行动！例如，当市场暴跌时，许多人会在完全错误的时机卖掉他们遭受重创的投资产品，进行套现，而不是以千载难逢的价格抢购便宜产品。

一流投资者之所以如此成功，原因之一是他们克服了在市场动荡时期产生恐惧心理的天然倾向。我们以霍华德·马克斯为例。在 2008 年金融市场崩盘的最后 15 星期内，他告诉我，他的橡树资本团队每星期在不良债权上投资约 5 亿美元。没错！他们每星期投资 5 亿美元，连续 15 星期，而当时很多人认为世界末日已经到来！霍华德告诉我："很明显，每个人都很恐慌，但总的来说，这是买入的绝佳时机。"

霍华德和他的同事们凭借冷静的心态，抓住了这次逢低买进的机会。冬去春来的时候，他们赚了数十亿美元的利润。他们当时假如屈服于恐惧，就不可能实现这一壮举。

解决方案：未雨绸缪是关键

不做准备，就是在准备失败。

——本杰明·富兰克林

首先，自我意识很重要。我们一旦知道自己很容易产生负面偏见和厌恶损失情绪，就能克服这些心理倾向。要知道，你如果没有意识到这一点，就无法改变。但是，你应当采取什么具体措施不让恐惧使自己偏离轨道，即使身处市场最动荡的时期？

正如我们在第 7 章中所讨论的，彼得·默劳克在帮助客户应对全球金融危机方面取得了巨大成功，原因之一是他事先就熊市的风险对客户进行了教育，所以当熊市真正出现时，他们并不感到意外或恐慌。例如，默劳克介绍了每种资产类别在以往熊市中的表现，这样他们在心理上就为可能发生的情况做好了准备。

他们事先知道，彼得计划利用这次动荡为他们谋利。他将出售债券之类的保守投资产品，并用所得资金以低价买入更多股票。彼得说："我们向客户介绍了这一操作过程的确定性，所以他们十分清楚会发生什么。这大大降低了他们的不确定性。"**换言之，应对市场动荡及其可能引发的恐慌的最佳方法就是未雨绸缪，早做准备。**

正如我们曾详细讨论过的，做好准备工作的一个关键方法是进行合理的资产配置。写下你投资每一种资产的理由也很有帮助，因为每种特定的资产类别或投资产品都会有表现不佳的时候，有时会持续好几年。许多投资者会丧失信心，因为他们过于关注短期效益。但当情况变得艰难时，你可以回顾这些笔记，并提醒自己为什么持有这些资产，以及它们将如何为你的长期目标服务。

这一简单的过程可以减少你投资过程中的情绪波动。只要你的需求没有改变，你的资产配置方式仍然与你的目标保持一致，你就可以按兵不动，给你的资产充足的时间来证明它们的价值。

投资顾问对你的帮助也是不可估量的。他可以在最困难的时候谈笑间消除你的恐惧和担忧，提醒你在冷静、理性的时候写下的策略仍然有效。

这有点儿像在暴风雨中驾驶飞机。如果是单飞的话，大多数飞行员可能也能应付。但是当得知有一位经验丰富的副驾驶员坐在你旁边的时候，事情就容易多了！请记住：就连巴菲特也有自己的合伙人。

主宰自己的思维

你既然已经了解了这些具有破坏性的心理模式，就能更好地防范它们。我们都是人，所以一定会时不时地犯错误。要知道，我们在这一章讨论的各种偏见是我们的大脑这个古老的生存软件中的一部分，所以我们不能期望完全消除它们。但正如盖伊·施皮尔所说的："这不是为了得到一个完美的分数。即使是我们行为上的微小改进，也能带来丰厚的回报。"

为什么？因为投资是一场锱铢必较的游戏。如果你的收益率每年提高 2 或 3 个百分点，那么几十年累积下来的结果将是惊人的，这要归功于复利的作用。我们在本章所讨论的系统性解决方案对你将大有裨益，它可以帮助你避免，或最小化大多数投资者所犯的代价高昂的错误。

例如，这些简单的规则和程序将使你更容易进行长期投资、减少交易次数、降低投资费用和交易成本、对与自己不同的观点更加开放、通过全球性分散投资来降低风险，并控制在熊市期间可能使你犯错的恐惧。这样就能使你完美了吗？不能。但你会做得更好吗？是的！这种改变在人的一生中价值千金！

现在你已经理解了投资的机制和心理，知道怎样才能控制自己的思想，从而成功地进行长期投资。你所获得的知识是无价的，它可以让你和你的家人获得彻底的经济自由。下面让我们进入最后一章，学习如何创造真正持久的财富。

第 九 章

真正的财富

做出人生中最重要的决定

如果本书能帮你实现财务自由，我会为你感到高兴。但说实话，我不认为这就足够了。为什么？因为有钱并不能保证你就是一个富有的人。

任何人都能赚钱。正如你在前几章中学到的，你需要的工具和原则其实非常简单。例如，如果你能利用复利的作用长期留在市场上，明智地进行分散投资，并将费用和税款保持在尽可能低的水平，那么你获得财务自由的概率就会非常高。

如果你获得了财务自由却仍然感觉不到快乐，怎么办？许多人几十年来都梦想着成为百万富翁或亿万富翁。但当他们最终实现了自己的目标时，他们会说："原来如此吗？仅此而已吗？"相信我，如果你得到了你想要的，但仍然感觉不到开心，那么你就真的完蛋了。

当人们梦想变得富有时，他们并不是在幻想拥有数百万张印有名人照片的纸钞！我们真正想要的是与金钱相关的情感。例如，我们相信金钱会为我们带来的自由、安全或舒适，以及分享财富带来的幸福。换句话说，我们追求的是感情，而不是金钱本身。

我不是在贬低金钱的重要性。如果使用得当，它会从各个方面让你的生活和你所爱的人的生活变得丰富多彩。但真正的财富远非金钱本身。**真正的财富与情感、心理和精神有关。**如果你在经济上自由了，但在情感上仍遭受痛苦，那么这又算什么成功呢？

也许，你会觉得我们现在讨论的有点儿跑题，因为本书是关于财富和投资的著作。但如果我在整本书中只告诉你如何获得物质财富，却忽略了与你分享如何获得情感财富的秘诀，那么我一定会觉得自己很失职。幸运的是，你不必在它们之间进行选择，因为正如你将在本章中看到的，人们是有可能在经济上和情感上都变得富有的。朋友们，这才是最大的收获。

在我看来，你马上要读到的无疑是本书最重要的一章。为什么？因为你将在接下来的内容中学到：你今天做的一个决定足以改变你的余生。如果你始终如一地坚持下来，它将给你带来远超大多数人想象的快乐、平静和真正的财富。最重要的是，你不需要等待 10 年、20 年或 30 年。你如果现在做出这个决定，马上就可以变得富有。

事实上，我之所以想和大家分享这个想法，是因为它改变了我的生活。所以，你如果打算像我一样，就开始我们最后的旅程吧。

非凡的生活品质

我一生都致力于帮助人们把梦想变成现实。我访问过 100 多个国家，和世界各地的人讨论过他们真正想要的东西。你知道我发现了什么吗？每一种文化都有不同的信仰和价值观，但人类都有共同的基本需求和愿望。无论走到哪里，我都发现人们渴望一种非凡的生活品质。

对于有些人来说，非凡的生活品质意味着拥有一栋美丽的房子和一个精致的花园，对于另一些人来说，这意味着培养三个优秀的孩子；对于有些人来说，这意味着写一部小说或一首歌，对另一些人来说，这意味着创建一个价值 10 亿美元的企业；对一些人来说，这意味着成为上帝的信徒。换句话说，非凡的生活品质不是按照别人的梦想生活，而是按照自己的方式活得精彩。

但是你怎样才能做到这一点？你怎样才能缩小现实与理想之间的距离？答案是：你需要掌握两种完全不同的技能。

成功之道

我把第一种技能称为成功之道。在每个领域，都有成功的法则，你可以违反（在这种情况下，你会受到惩罚），也可以遵循（在这种情况下，你会得到回报）。例如，有一门关于健康和健身的科学。从生物化学角度来说，人都是不同的。但如果你想茁壮成长、精力充沛，有一些普遍规则你还是可以遵循的。你如果违反了这些规则，就必将付出代价。

在投资领域也是如此。想一想你在这本书中学到了哪些内容。最成功的投资者为我们留下了一些可以遵循的线索。通过研究这些模式，并在自己的生活中应用这些工具、策略和原则，你可以加速自己的成功之旅。这个道理显而易见，对吧？效仿最成功的人播下同样的种子，你将收获同样的回报，这样你就会精通理财之道。

说到成功之道，有三个关键步骤可以让你实现自己的目标。你能否回忆起一些你在生活中取得的不可思议的成就？也许它是一段感情生活，也许是一份理想的工作，也许是一笔成功的买卖，也许是拥有一辆时髦的跑车。然后思考一下这个梦想是如何从不可能变成现实的。你会发现通往成功的道路需要遵循一个基本的“三步走”的过程。

获得任何你想要的东西的第一步是专注。记住：注意力所到之处，干劲都会随之而来。当你把所有的注意力都放在对你真正重要的事情上，当你每天都在一直思考这些事情的时候，这种强烈的注意力就会释放出一种强烈的欲望，帮助你获得原本无法得到的东西。其原理在于，大脑中有一个名为网状激活系统的部分，它被你的欲望激活，这种机制会把你的注意力吸引到任何能帮助你实现目标的事物上。

第二步是超越饥饿、动力和欲望，并持续采取大规模行动。很多人都有远大的梦想，但从来没有开始行动！想要成功，你必须采取大规模行动，但你还需要找到最有效的行动策略，这意味着你需要不断调整，直到找到最有效的方法为止。你可以通过模仿那些成功人士的做法来加速这一过程，这就是为什么我们如此重视像沃伦·巴菲特、瑞·达利欧、约翰·博格和戴维·斯文森这样的投资大师。通过向正确的榜样学习，你可以用1星期时间学会原本可能需要10年时间才能学会的东西。

实现目标的第三步是恩惠。有些人称之为运气，有些人称之为上帝垂青。根据我自己的经验，我想告诉你的是：在生活中，你越认可恩惠，似乎你能得到的恩惠就越多。我惊讶地发现，深深的感恩之情给我们的生活带来了越来越多的恩惠。

当然，你需要尽你所能地去实现你的目标，但是仍然有一些事情是你无法控制的。即使你出生在现代社会，即使你生来就有大脑和心脏，即使你可以从像互联网这样的现代科技所带来的巨大能量中受益，但这一切都不在你的控制之下，这些恩惠也不是你创造的。

现在，你知道了成功的三个基本关键因素，但与成功同样重要的是，你如果想创造非凡的人生，那么还需要掌握第二项技能。这个技能就是我所说的满足的艺术。

满足的艺术

几十年来，我一直痴迷于成功之道——一心学习如何掌控外部世界，试图找到方法，帮助人们实现突破，解决所有问题。但现在我深信，满足的艺术是需要掌握的一种更重要的技能。为什么？因为你只掌握外部世界而没有掌握自己内心是不能真正、持久地快乐的。这就是为什么我今天思考最多的是满足的艺术。

价值8 690万美元的油画

正如我前面提到的，我们每个人对非凡生活品质的内涵都有不同的看法。换句话说，让你感到满足的东西很可能与让我或其他人感到满足的东西不同。人的需要和欲望变幻莫测、千奇百怪。我和好友史蒂夫·韦恩度过的那难忘的一天让我对此有了深刻的认识。

几年前，史蒂夫在他生日那天打电话给我，问我在哪里。幸运的是，当时我们都住在爱达荷州太阳谷的度假屋里。所以史蒂夫邀请我去玩。他对我说："你过来吧，我给你看一幅画，十多年来我一直渴望得到它，两天前在苏富比拍卖会上我出价超过所有人，最终买下了它，我花了 8 690 万美元。"

你能想象当我即将看到我朋友梦寐以求的珍贵艺术品时，我是多么兴奋吗？我当时想象的是那种你可能会在巴黎或伦敦的博物馆里看到的某个文艺复兴时期的杰作。但是当我来到史蒂夫房间的时候，你知道我看到了什么吗？一幅橙色的大正方形的油画！我简直不敢相信。我看了一眼，用开玩笑的口吻说道："给我 100 美元的油漆，我一个小时就可以把它复制出来！"他没有被逗乐。这应该是抽象派艺术家马克·罗斯科最伟大的画作之一。

我为什么要告诉你这个故事？因为它准确地说明了一个事实，即让人们感到满足的东西是不同的。说到艺术，史蒂夫比我更老到，所以他能从我看不见的那些笔触中发现一种深沉的美感、情感和意义。换句话说，一个人眼中的橙色涂鸦是另一个人心中价值 8 690 万美元的幻想。

我们每个人虽然都是不同的，但在实现目标方面还是有共同模式的。如果这是你的目标，那么你应当遵循什么样的行为准则或模式呢？

第一条准则：你必须不断成长。生活中的一切不是生长就是死亡。这适用于人际关系、生意或其他任何事情。你如果不继续成长，就会变得沮丧和痛苦，无论你在银行有多少钱。事实上，我可以用一个词告诉你幸福的秘诀：成长。

第二条准则：你必须付出。如果你不付出，你的内心只能感受到那么多，你将永远不会觉得自己充满活力。正如温斯顿·丘吉尔所说的："你靠你所得到的谋生。你的付出成就了你的人生。"每当我问人们生活中最充实的部分是什么时，他们谈论的都是与他人分享。人类的本性不是自私的。我们被奉献的欲望驱使。如果没有了那种深切的奉献感，我们就永远不会感到真正的满足。

这也值得我们提醒自己注意一个明显的事实，即经济上的富足不是实现人生圆满的关键。正如我们都知道的那样，人们追逐金钱的时候往往会产生错觉，即认为金钱是一种神奇的东西，会给他们的生活带来快乐、意义和价值。但金钱永远不会带给你非凡的人生。这些年来，我同亿万富翁们待在一起的时间很多，他们中的一些人非常痛苦，你会为他们感到难过的。你如果不快乐，就不可能拥有美妙的生活，无论你多么有钱。

记住：金钱不能改变人。它只是放大了原来的你：如果你很有钱，但你很吝啬，那么你显得吝啬的地方会更多；你如果很有钱而且很慷慨，那么你自然会付出更多。

你如果事业有成会怎么样？如果你的成功能为你带来成长和付出的满足感，那就太好了。但我敢肯定你遇到过很多似乎从不快乐或满足的"成功"人士。那样他怎么能算成功呢？事实上，我坚信无法获得满足感的成功是最大的失败。

让我们思考一下有关这方面的一个痛苦的例子。

国宝级人物

2014 年，我们失去了一个我心中的国宝级人物：喜剧演员罗宾·威廉姆斯。在过去的几年里，我和世界各地的观众谈论过这位天赋异禀的奇才。我一遍又一遍地问他们同一个问题："在座的有多少人热爱罗宾·威廉姆斯？你如果只是喜欢他，就请不要举手——只有他的狂热拥趸才举手。"你知道结果如何吗？从伦敦到利马，从东京到多伦多，我去过的每个地方都有大约 98% 的观众举手。

罗宾·威廉姆斯能算是功成名就吗？绝对是。他白手起家，但后来决定出演自己的电视剧，他做到了；他决定组建一个和睦的家庭，他做到了；他决定赚到一生也花不完的钱，他做到了；他决定成为一名电影明星，他做到了；他决定要赢得奥斯卡奖——但不是靠滑稽表演，他也做到了！他就是这样一个实现了自己全部梦想的全才。

然后他上吊自杀了。

他在自己的家中上吊自杀，撇下了数亿名直到今天依然热爱他的观众。更糟糕的是，他撇下了妻子和孩子，让他们悲痛欲绝。

每当想到这个可怕的悲剧，我都会被这个简单的教训震撼：如果你不感到满足，那你就一无所有。

罗宾·威廉姆斯取得了众多我们文化中极具价值的东西，包括名誉和财富。然而，尽管他天赋异禀、成就非凡，但他永不满足。他遭受了几十年的痛苦，试图通过酒精和药物——有时甚至滥用这些东西——来缓解压力。在他生命的最后时日中，他还被诊断出患有一种进行性神经系统紊乱疾病——路易体痴呆病。他的妻子苏珊最近在医学期刊《神经病学》上写道："罗宾正在失去理智，他自己也意识到了这一点。你能想象他在经历自我衰退时的痛苦吗？"①

罗宾·威廉姆斯是一个好人，他十分关心他人——他对世界做出了巨大贡献，尽管长期与毒瘾、疾病和抑郁抗争。但最后，他为每个人都带来了快乐，除了他自己。

这让我想起了飞机上广播的安全指示："在紧急情况下，请在帮助他

① "到了冬天，偏执、妄想、失眠、记忆力衰退和高皮质醇水平等问题——这些只是诸多问题中的几个——接踵而至，日益严重。心理治疗和其他医疗手段成为家常便饭，以试图控制和解决这些看似完全不同的情况。" http://www.neurology.org/content/87/13/1308.full.

人之前戴上自己的氧气面罩。”第一次听到这一广播的时候，我觉得这冷酷自私，但实际上这是有道理的：你连自己都帮不了，又怎能帮助他人呢？

相信我，我知道罗宾·威廉姆斯只不过是一个极端的例子，我不担心你会自杀。但我看到很多人，甚至是“最富有”和“最成功”的人，都错失了他们本应体验到的快乐和满足。我希望你今天能体验到快乐和满足。不过，没有人能告诉我们怎样做才能快乐。

受苦还是不受苦，这是个问题

人是思想的产物。心里想的是什么，就会变成什么样的人。

——圣雄甘地

下面跟大家讲一下我个人生活中曾经出现的变化。在过去的两年里，我经历了一次奇妙的心灵之旅。我一直在寻求个人成长，所以我不断地探索不同的想法以求达到一个全新的水平。

几年前，在印度期间我拜访了自己的一个好朋友克里斯纳吉，他同样对这些关于如何获得非凡生活质量的问题感兴趣。我朋友知道多年来我一直在教授保持精力充沛状态的力量：在这种巅峰状态下你可以完成任何事情，你的人际关系也会充满激情。相反，当你处于精力不济的状态时，你的身体会变得慵懒，思想会变得迟钝，你会整天无所事事，只知道焦虑、沮丧、与他人冲突。

我的朋友问我：“你会用什么词语来分别描述这两种状态呢？”他解

释道，在任何特定的时刻，人只能处于两种不同状态中的一种：要么处于高能状态，这种状态也可以被称为“美妙状态”；要么处于低能状态（通常会伴随内心的痛苦），这种状态也可以被称为“痛苦状态”。他告诉我，无论生活中发生了什么，他都希望能生活在美妙状态中。

然后，我的这位朋友再次阐述了我和其他许多人多年来一直倡导的思想：我们不能控制生活中的所有事件，但我们可以控制这些事件对我们的意义，也就是我们每天对生活的感受和体验。通过有意识地选择生活在一个美妙的状态，我的朋友相信他不仅可以更好地享受生活，而且可以为他的妻子、孩子，以及整个世界带来更多希望。

我对他所说的话想了很久。现在，我是一个成功者。如果你正在读这本书，你可能也是个成功者。我们这些成功人士不认为自己在“受苦”，是不是？是的，我们只是有一点儿“压力”。

事实上，如果你在两年前对我说我在受苦，我会嘲笑你的。我有一个天使般的妻子、4 个引以为豪的孩子、完全的经济自由，以及一个激励我生命中每一天的使命。但后来我开始意识到，我经常让自己陷入痛苦的状态。例如，我会感到沮丧、生气、疲惫、焦虑或有压力。起初我认为这些情绪只是生活的一部分。事实上，我甚至使自己相信我需要将这些情绪作为我前进的动力。但这其实是我的大脑在捉弄我。

问题是，人类的大脑并不是用来让我们感到快乐和满足的，而是为了让我们能够生存下去。这个有着两百万年历史的器官一直在寻找问题，寻找任何会伤害我们的东西，好让我们对抗它们或者逃避它们。如果我们让大脑这个古老的生存软件来掌控一切，我们还有什么机会享受生活？

在缺乏指导的情况下，人的思维通常以生存模式运作，它不断地识别和放大那些威胁我们健康的潜在危险，其结果就是我们的生活中充满了压力和焦虑。大多数人都是这样生活的，因为这是阻力最小的一条道路。他们根据习惯和条件做出无意识的决定，并受自己思想的支配。他们认为沮丧、压力、悲伤和愤怒都是生活中不可避免的一部分。换句话说，他们认为人生就是处于痛苦之中的。

但我很高兴地告诉你，还有另外一条路：这条道路可以指导你的思想，让你的思维听从你的指挥，让你免受思维的限制。

这就是我选择的道路。我决定不再生活在痛苦的状态中，决心要尽我所能，让自己的余生都生活在美妙的状态里，成为人类所能成为的典范！毕竟，没有什么比一个有钱有势却喜怒无常、薄情寡义的人更糟糕的了。

飞得高，落得低

现在，在我们继续之前，让我们先澄清一下这两种情绪和精神状态之间的区别。

美妙的状态。当你感受到爱、喜悦、感激、敬畏、嬉闹、安逸、创造力、动力、关爱、成长、好奇或欣赏之情时，你就处于一种美妙的状态。在这种状态下，你知道该做什么，也能做正确的事情。在这种状态下，你的精神和心灵都充满活力，你会呈现出最好的自己。任何事情都不是问题，一切都进展顺利。你不会感到害怕或沮丧，而会感觉身心合一。

痛苦的状态。当你感受到压力、焦虑、沮丧、生气、郁闷、易怒、疲惫、气愤或害怕时，你就处于一种痛苦的状态。我们都经历过这类负面情绪，尽管我们一直不愿意承认！正如我之前提到的，大多数成功人士倾向于认为自己有压力，而不愿意承认自己感到害怕。但是压力只是恐惧的代名词！循着你的压力找下去，你就会发现自己内心最大的恐惧。

是什么决定你处于美妙状态还是痛苦状态呢？你可能认为这主要取决于外部环境。你如果在海滩上悠然自得地吃着冰激凌，就很容易进入美妙状态！但事实上，你所处的精神和情感状态最终都是你选择将注意力放在何处的结果。

我给你举个我自己生活中的例子。在过去25年里，我每年都要在美国和澳大利亚之间往返数次。现在我有幸拥有了自己的飞机，这有点儿像在空中有了一个高速飞行的办公室。无论它是好是坏，反正从此再也不会耽误工作了。但我现在依然清楚地记得之前经常感受到的恐惧：当我在飞往澳大利亚的商务飞机上坐下来之后，心中忐忑不安，不知道在接下来不能收发电子邮件和短信的14个小时里，我将怎么生活下去。没有我，我的企业可怎么生存下去啊！

后来，在一个神奇的日子里，当我坐上澳大利亚航空公司飞往悉尼的航班时，机长自豪地宣布飞机可以接入国际互联网。我身边的人们开始欢呼、鼓掌，互相击掌庆贺，就好像见到神灵显灵了一样。我没有站起来手舞足蹈，但我必须承认我在心里也鼓起了掌。然后，在15分钟的狂喜之后，你知道发生了什么吗？我们的网络断开了。在接下来的飞行中，一直没有再连接上。也许这么多年过去了，这种情况仍然没有什么改变。

你猜乘客们的反应如何？我们失望透顶！前一分钟，我们还很兴奋。下一分钟，我们就开始诅咒我们不幸的命运。令人惊讶的是，我们的观点改变得如此之快：前一刻，连上互联网还是一个奇迹，现在却成了一种期待。我们所能想到的是，这家航空公司侵犯了我们不可剥夺的上网权利——尽管这一权利直到那天才出现。

愤怒之下，我们完全忘记了当时我们正像鸟儿一样在空中飞翔，忘记了我们在几个小时内就能够飞越地球，并且可以边飞边看电影或者边飞边睡觉。我们完全忽略了那种美妙的感觉。

我们让自己变得如此烦躁和沮丧，难道这不是很可笑吗？当我们感到扫兴时，当我们得不到想要的或期待的东西时，我们很快就会放弃快乐，陷入痛苦的状态。

每个人都有自己的痛苦经历。所以我的问题是：你最喜欢的痛苦是什么？你最喜欢哪种消耗能量的情绪？它是悲伤，还是沮丧、愤怒、绝望、自怜、嫉妒或者焦虑？具体细节并不重要，因为它们都是痛苦的状态。所有这些痛苦其实都是一种缺乏思想、成心找碴儿的结果。

想一下最近给你带来痛苦的某件事——也就是让你感到沮丧、愤怒、担心或过度焦虑的某件事。你之所以会感受到这些情绪，是因为你缺乏思想指导，它涉及三种特定感知模式中的一种或多种。无论是有意还是无意的，你都至少沉迷于其中一个导致痛苦的诱因中：

1. **损失诱发痛苦。**你如果总是对损失耿耿于怀，就会觉得某特定的问题已经或将会导致你失去一些你珍视的东西。例如，你和你的配偶起了冲突，这会让你觉得自己失去了爱或尊重，但不一定是别人做了什么或没做什么让你感到失落。这种失落感也可以由你做过或没做过的事情引发。比如，由于你的拖延，你失去了一个商业机会。每当产生损失的幻觉时，我们就会感到痛苦。

2. **不足诱发痛苦**。当你总是想着自己得到的东西，或者将要得到的东西不足时，你就会感到痛苦。例如，你可能会认为，某种情况，或者某人的行事方式，导致你的快乐、金钱或成功出现不足，或者产生其他痛苦的结果。再强调一次，你或其他人所做的或没做的事情都能够引发不足感。

3. **"永远无法"诱发痛苦**。如果你总是担心永远无法得到自己珍视的事物，比如爱、快乐、尊重、财富与机会，那么你注定要受苦，永远不会快乐，永远不会成为你想成为的人。这种感知模式肯定会导致痛苦。记住：大脑总是试图欺骗我们进入一种生存的心态！所以永远不要说永远！例如，因为一场疾病，一次受伤，或者因为你哥哥做了什么、说了什么，你可能会认为自己永远无法渡过难关。

这三种一根筋式的思维模式，即使不是我们全部痛苦的根源，也是造成我们大部分痛苦的原因。你知道其中比较疯狂的是什么吗？问题是否真的存在并不重要！不管我们念念不忘的是什么，我们的感受与实际发生的事情根本无关。你是否曾有过这样的经历：你认为朋友对你做了可怕的事情，因而变得非常生气和沮丧，结果却发现自己大错特错，因为那个朋友不应该受到任何指责！身处痛苦之中时，所有这些负面情绪会萦绕在你的脑海中，现实到底怎么样并不重要。你一根筋式的想法产生了你的感觉，你的感觉又产生了你的体验。还应当注意的是，我们的大部分痛苦都是由我们一根筋式的想法造成的：我们总是想着自己，想着可能失去的东西，可能缺少的东西，或者永远无法得到的东西。

但好消息是，你一旦意识到这些一根筋式的思维模式，就可以有针对性地改变它们，从而把自己从这些导致痛苦的习惯中解脱出来。这一切都始于认识到你需要有意识地做选择。你如果不控制自己的思想，那么它便会控制你。活出非凡人生的秘诀在于控制自己的思想，因为这一点将决定你是生活在痛苦状态还是美妙状态之中。

最后再强调一下决策的重要性

我们的生活不是由我们的条件决定的，而是由我们的决定决定的。如果你回顾一下过去的 5 年或 10 年，我敢打赌你一定能回忆起一两个真正改变自己命运的决定。也许这个决定是关于去哪里上学、从事什么职业，或者是关于你的恋人、配偶。现在回想起来，你能否发现如果当初自己做了一个不同的决定，今天的生活将会有多大的不同？这些决策和许多其他决策决定了你的人生方向，改变了你的命运。

你现在能做的最重要的决定是什么？如果是在过去，我可能会告诉你，最重要的是你决定和谁共度时光，你决定爱谁。毕竟，你的伴侣将对你成为什么样的人产生巨大影响。

但在过去的两年里，我的想法发生了变化。我逐渐意识到，生活中最重要的决定应当是：无论发生什么事，你都要保证自己快乐。

换句话说，即便你身处逆境——当出现不公平的时候，当有人欺负你的时候，当你失去了自己喜欢的东西或你爱的人的时候，或者当没有人理解或欣赏你的时候，你仍要一心一意地享受生活。除非我们下定决心停止痛苦并生活在美妙状态中，否则当我们的欲望、期望或偏好得不到满足时，我们的生存意识就会制造痛苦。这是对生命极大的浪费！

这一决定将改变你生活中的一切，就从今天开始。但是仅仅说你想要做出改变或者你决定无论发生什么都要保证快乐是不够的。你必须掌控这一决定，不惜一切代价地去实现它，并消除任何半途而废的可能性。你如果想占领一座岛，就必须拿出破釜沉舟的决心，就必须决定对自己的思想状态和今生的经历负担起 100% 的责任。

总而言之，你就是要马上划出一条清楚的界限，然后宣布："我受够了痛苦。我要充实地过好每一天，享受每时每刻，包括那些我不喜欢的，因为人生太短，没时间痛苦。"

提防哥斯拉怪兽！

有许多不同的技巧可以帮助你控制自己的思想，以达到美妙状态。这个话题十分重要，我计划就此单独撰写一本书。但是你如果不满足于目前这种不圆满的生活，不必等待，你现在就可以踏上改变人生的旅途。要想彻底改变生活，你所要做的就是下定决心找到每时每刻都值得珍视的东西，只有这样才能体验到持续的幸福带来的真正财富。

你准备好做出这个大胆而明智的决定了吗？如果答案是肯定的，我们先来看两个简单的技巧，希望它们对你有所帮助。我认为这两个技巧非常有助于保持正确的方向。

第一个技巧是我所说的 90 秒法则。每当我开始感到痛苦时，我会给自己 90 秒的时间来终止痛苦，这样就可以重新回到美妙状态。这听起来不错，对吧？但究竟需要怎么做呢？

假设我在和自己名下一家公司的员工谈话时，发现对方犯了一个可能会导致一系列问题的错误，那么我的大脑会自然地进入危险探测模式，它会启动那个古老的生存软件，开始产生各种想法，我会考虑我和我们整个团队可能遭受的后果。如果这事发生在以前，我可能很容易就会陷入焦虑、沮丧、愤怒以及精神痛苦的旋涡之中。

但现在我是这样做的：一旦感觉到体内的紧张情绪上升，我就立即开始控制自己。我控制自己的方法很简单：调整呼吸，让事情慢下来。我会从当时的情境跳出来，开始远离大脑产生的那些所有带来压力的想法。

产生这些想法是很自然的，但它们只是想法而已。当放慢节奏时你就会意识到自己不必相信这些想法，也不必认同它们。你可以退一步想，然后对自己说："哇，看看这些疯狂的想法，它们又出现了！"为什么这样做有用呢？因为问题不在于我们产生消极的、破坏性的、有局限性的想法——每个人都会有这些想法！伤害我们的是相信这些想法的习惯。例如，你是否曾经对某人非常不满，以至于开始想："天哪，我真想掐死这个家伙！我要宰了他！"我猜你实际上并没有这么做。为什么？因为你不相信这个想法。至少，我希望你没有相信。

一旦把自己从这些无意义的想法中解脱出来，我就开始把注意力集中在寻找值得欣赏的事情上。以求生为己任的大脑总是在寻找错误，但总有一些东西需要我们去珍惜。正如我常说的："错误总是存在……但正确的事情也比比皆是。"也许正确的事情很简单，比如我还活着，而且活得很好，还在喘气；再比如那个犯错的员工为人不错，工作努力，并且出发点很好；再比如我意识到了自己很痛苦，所以我才能够停下来，放下痛苦。

欣赏什么并不重要。重要的是，通过将注意力转移到自己欣赏的事物上，你会放慢你的生存节奏。爱、欢乐和给予，都会引发同样积极的转变。这种注意力的转移为你的精神进入人生游戏创造了空间，这样你就不会囿于自己的思维之中。你如果一直坚持这样做，就会重新调整自己的神经系统，训练你的大脑在任何情况下都能发现事物好的一面，这样你的生活就充满了感恩和快乐。

你知道这样做所带来的神奇效果吗？不知不觉中你就会感觉身心愉悦。你会放下一切痛苦，开始嘲笑那些曾经让你发疯的事情。这会让你的生活更幸福，让你的人际关系更健康，同时也会帮助你更清晰地思考问题，做出更明智的决定。要知道，在你感到压力、愤怒、悲伤或恐惧时，你是不可能找到最好的解决办法的。当你处于美妙状态时，答案来得更容易。这就像把收音机调到正确的频率，这样静电就会消失，你就能听到清晰、响亮的音乐。

第一次使用这个技巧时，我应该把它叫作“四小时法则”或者“四天法则”，因为有时我需要很长时间才能停止痛苦、恢复平静。但它就像任何一种技能一样：你使用得越多，就会越熟练。我发现如果我能快速控制住自己，而不是让那些消极的想法停留超过 90 秒，效果更好。为什么？因为杀死任何怪物的最佳时机是趁它还很小的时候。没人想等到哥斯拉怪兽长大后吞噬整个城市。

我在这方面做得还不是很完美，当然有时候也会感到困惑。但是我经常使用 90 秒法则，它已从一种要求变成了一种习惯。这一技巧为我带来了巨大的自由，将我从那些曾经剥夺我快乐和内心平静的恶劣情绪中解脱出来。这些情绪仍然会出现，但很快就会消失，被欣赏生活、享受生活的力量淹没。如此，生活变得比以往任何时候更美好。

你还会发现，当你不再为损失、不足而烦恼时，你会更关心他人。身处美妙状态时，你更愿意为自己所爱的人付出。

你知道吗？幸福感中蕴含着力量，能给生活带来益处，有益于人际关系、事业、健康以及你所接触到的其他事物。不管你能给自己所爱的人带来何种终极自由和终极礼物，一定要生活在美妙状态之中。这是至高无上的喜悦体验——这才是真正的财富！

更妙的是，你现在就可以拥有这些财富，而无须等到积累了一定数量的金钱之后。好消息是，这个决定完全取决于你自己，只有你自己才能赋予自己这种幸福感。

敞开心扉：心智合一的力量

要克服恐惧，最好的办法就是充满感激。

——约翰·邓普顿爵士

我想与大家分享的第二个工具是一个简单的两分钟感恩冥想，我在过去一年左右的时间内，在研讨会上将其教给了成千上万人。我把这一冥想活动录了下来，放在 www.unshakeable.com 网站上，你可以访问该网站，并闭上眼睛听这段音频。

你可以通过阅读下面的文字学习该方法。我们都会通过不同的方式获取信息，所以你也许更喜欢通过阅读大致了解一下该方法，再凭着记忆进行简短的冥想活动，而不是收听音频。我发现通过阅读来理解这一过程很有效。不管怎样，我都希望你会发现这是一种有效的技巧，它可以让你身心合一，迅速进入美妙状态。

首先，让我简单地解释一下这种冥想背后的科学原理。如果你前往医院，我们为你做脑电图（EEG）和心电图（EKG）检查，测量你大脑和心脏的电脉冲。当你精神上感到压力和痛苦时，你会看到脑电图和心电图上的线参差不齐。但是你心律上的参差不齐与大脑上的参差不齐完全不同。换句话说，二者是不同步的。

但是科学研究表明，短暂的冥想可以极大地改变大脑和心脏的电脉冲。其神奇之处在于，冥想之后，脑电图和心电图上锯齿状的线条会变得圆润。更重要的是，心脏和大脑的线条会变得几乎相同。为什么？因为此刻心智（思想和心灵）是一体运作的，当心平气和时，你自然就会出现这种状态。

冥想的目的很简单，就是使你通过充满感激之情来改变自己的情绪状态，并利用这种情绪来解决任何让你痛苦的问题。为什么要用感激之情？因为你不可能同时感激和生气，也不可能同时心存感激和恐惧。如果你想过悲惨的生活，没有比把注意力集中在愤怒和恐惧上更好的方法了！但如果你想过幸福的生活，想生活在美妙状态中，那么没有什么比专注于感恩更有效的了。

因此，你如果准备试用这项技术，现在就去听一下音频或阅读下面的步骤。具体做法如下。

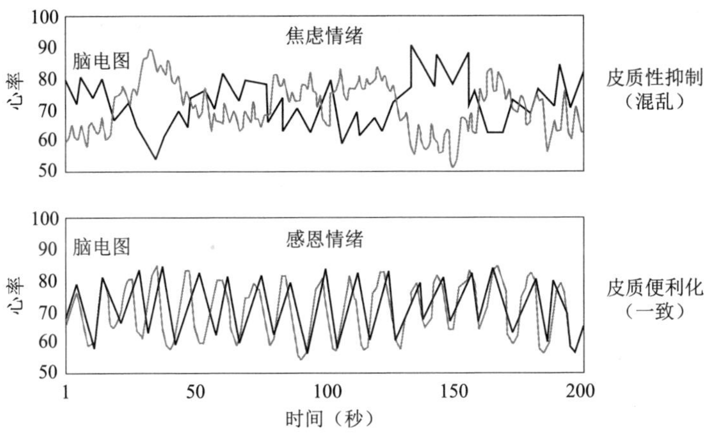

资料来源：美国心智研究院

图 9-1　不同情绪下脑电图与心电图差异

第一步：我想让你选择自己生活中某一方面“尚未完成的事情”：一些你需要在自己职业或个人生活中改变或解决的事情；某个你一直在拖延的问题，因为处理起来会让你感到心烦、沮丧或压力重重。这也许是工作上的问题，也许是与家人的矛盾或难解之事。在 0 到 10 的范围内（10 是最棘手的），你会给它打几分？最好是选择一个 6 分以上的问题，这样你就可以体会到这一简单技术的真正作用。

第二步：现在把这种情况暂时搁置一边，将你的双手放在胸口，感受心脏跳动。我想让你闭上眼睛，深呼吸。在呼吸时，感觉血液和氧气流入自己的心脏，感受心脏的力量，发现心脏的力量。跟随你心脏的引导，你会对哪些事情产生感激之情，是快乐、欣赏还是付出？

第三步：深呼吸的时候，对你的心脏心怀感激，感谢上天赐予自己心脏这一礼物。它每天跳动 10 万次，将血液在体内血管中传送 6 万英里的距离。有时你压根儿注意不到自己的心脏，但它一直都在你体内，即使在你睡着的时候也在工作。这是最好的礼物，但你不需要付出什么便拥有了它。它是上天赐予你的礼物。你得到了上天的眷顾，它送给了你这颗心脏。只要它在你胸口跳动，你就可以活下去。这是多么珍贵的礼物啊！现在就请感受这份礼物的力量吧。

第四步：当你吸气，并对心脏深怀感激时，我希望你能感受到自己的心跳。这样做的同时，我希望你能想到自己生命中三次让你无比感激的经历——你依次回顾这三次经历。它们可大可小，可以追溯到你的童年，也可以是本星期，甚至是今天发生的事情。

第五步：我想让你回顾第一次感激经历，现在就开始，仿佛事情就在眼前，在回忆中重新体验那次经历。看看你在那种纯粹的感激之情中看到了什么：感受它，呼吸它，拥有它，对那一刻深怀感激之情。让自己充满感激，因为当心存感激的时候，你就没有悲伤，没有伤害，也没有愤怒。你不可能同时既感激又愤怒，也不可能同时心存感激又忧心忡忡。如果培养出了感恩之心，我们就会拥有不同的生活。

现在回顾一下第二次经历，也就是另外一次让你满怀感激之情的时刻——那些感觉像是你生命中一份纯洁的礼物，一个奇迹。那是一种恩赐，一种关爱，让你自己沉浸在此次经历带来的美妙和快乐之中，让你自己对那种感觉充满深深的感激，至少花 30 秒时间去感受和体会那种感觉吧。

接下来，我想让你回顾一下第三次让你心存感激的时刻，但你不要只是想想而已，而要走进那次经历，进入当时的环境，感受你在那一刻的体验。尽情享受这种感受，充分体验那次经历带来的快乐、奇迹和恩惠。

第六步：现在我想让你再回顾另外一次经历，但这次我需要的是一次巧合的经历。它不是你提前计划好的事情，但它却给你的生活带来了很多快乐。也许那次偶然的经历让你遇到了一个你爱的人、一个改变了你生活的人、一个丰富了你生活的人，或者它为你带来了新的职业选择，又或者它为你带来了新的成长和幸福。这种事情只发生在你身上。这是巧合，还是自己被操控了呢？

我有一个核心信念，它常常把我从痛苦中拉出来，让我看到生活的意义。在我的灵魂深处，我相信生活总是为我们而发生的，而不是因我们而发生的！即使是最痛苦的事情也会使我们成长、提高、强大或成熟。我相信在你的生命中肯定有一些你永远不想再经历的事情。然而，当你在 5 年或 10 年后回顾它们时，你会发现这些事中更深层次的意义，会看到在那一刻生活对你产生的影响。即使那些痛苦的时刻，也成了激发你成长的巨大诱因。

拿出一点儿时间，感谢你所相信的赐予你这些礼物的一切，让自己对宇宙、上天或任何你信仰的东西充满感激之情。请相信这个有着数十亿年历史的宇宙一直在照顾着你，即使在你感到迷失了方向的时候也是如此。

第七步：现在，当你将氧气吸入你的心脏，并感受到这浓浓的感激之情时，我希望你回忆一下早些时候让你心烦意乱的一件事情。当你身处美妙状态、充满感激之情时，我想要你问自己一个简单的问题："关于那件事，我需要记住什么，需要关注什么，需要相信什么，以及需要做什么。"

不要进行过滤。你最初发自内心的本能想法一般来说就比较合适。

当你处于这种美妙状态时，再问一遍自己这个问题："关于那件事，我需要记住什么，需要关注什么，需要相信什么，以及需要做什么。"

你内心知道答案，对不对？是的，的确如此。要相信自己的内心，因为它知道该如何去做。深呼吸，感谢这一答案。身心合一是一种强大的力量，身心二者联手，天下无敌。

收听这个冥想活动比阅读它要容易得多，所以请好好利用这个音频软件。正如我之前提到的，我已经引导成千上万的人进行过这种冥想活动。每逢活动进行到最后，如果他们知道在那种过去曾带给他们的压力的情况下做什么的话，我会请他们举手示意。然后我让他们睁开眼睛，环顾房间，看看有多少人举手了。通常会有 95% 的听众举手。在某些场合，这种情况需要更紧张的工作。但是这个简单的 2 分钟冥想活动只是我可以用来帮助他们的许多技巧之一。

但我想进一步阐明的是：你和我都有能力在短短 2 分钟内把自己从痛苦的状态中拯救出来，并进入美妙状态。如何做到这一点？专注于我们欣赏的东西。它是如此简单却又如此深刻：欣赏、享受和爱就像解药一样，可以解除痛苦。这一切可以将你的注意力从损失、不足或永远无法的错觉中转移出来，让你对生活中已经拥有的东西充满感激、欣赏和热爱。

把你所有的消极想法和消极情绪全部拿出来，把它们转变成欣赏之情，这样你的整个生活就会在瞬间发生改变。

梦想幸福，憧憬未来

> 昨天不过是一场梦，明天只是一个幻影。
>
> 但过好今天，却能使每一个昨天
>
> 都成为幸福之梦，让每一个明天都成为希望之景。
>
> ——公元5世纪印度戏剧家及诗人 迦梨陀娑

我并不是说你再也不会遭受痛苦或感受压力了。我们都明白，生活中充满了极端情况。无论我们多聪明、多富有，也无法避开健康问题、失去所爱之人的痛苦以及无数其他困难的影响。

我对将来你或你的家人会遇到的事情无能为力，我也无法控制金融市场。我希望我能……但我向你保证：你如果下定决心掌握自己的思想，就会有足够的心理准备来应对任何挑战。

有些人是缓解创伤后压力方面的专家，而我一生都在专心研究创伤后成长方面的奇迹。我研究的对象是那些具有很强适应能力的人。他们经历过最糟糕的情况，但最终仍能创造美好生活。

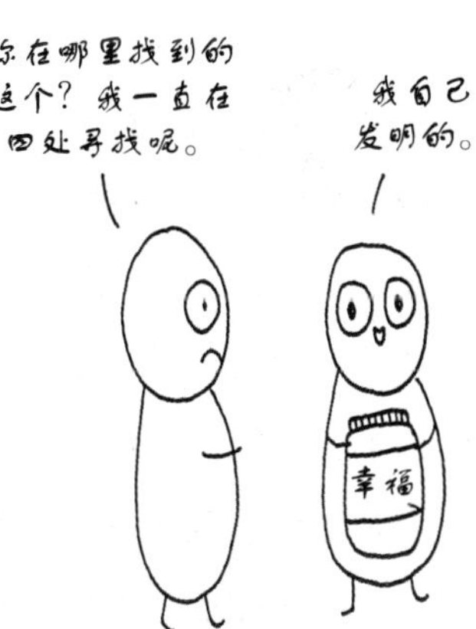

几年前，我遇到了一位奇女子，她名叫爱丽丝·赫兹·索默。她 1903 年出生于捷克斯洛伐克，是一位才华横溢的钢琴家。在第二次世界大战期间，爱丽丝和她的儿子遭到驱逐，被送进了集中营。她被迫在集中营里举行钢琴独奏会，还得假装很乐意为关押自己的纳粹分子表演，否则他们可能会杀了她的孩子。一本《地狱中的伊甸园》的传记作品讲述了爱丽丝的传奇故事，记录了她的生存经历，讲述了她如何完好无损地保全了自己。

当我见到爱丽丝时，她已经108岁高龄，住在英国。尽管她经历了那么多悲惨的遭遇，但她是我见过的最积极向上、最鼓舞人心的人之一，她充满活力和快乐。她一个人住，坚持自己照顾自己，每天仍然弹琴唱歌。令我印象最深的是，她觉得一切都很美好。

这有多么神奇啊！在我看来，这无疑是在提醒我们，即使是经历过地狱般生活的人也可以充满幸福感。她对集中营生活的描述深深打动了我。爱丽丝告诉我，她生命中的每一刻，包括那些在集中营度过的岁月，都是生活赋予她的礼物。

当你遇到这样的人，你永远不会忘记他们，因为他们拥有超凡的能力，能够生活在欣赏、敬畏和感激之中。尽管他们面临着种种挑战，但他们浑身洋溢着爱和欢乐。当然生活中也有另外一些人，你恨不得给他们一记耳光，因为他们仅仅因为拿铁咖啡里的牛奶不够热便会抓狂。

你打算怎么办？现在，你是否愿意和我一起，通过训练你的思维，发现生活中每时每刻的快乐，体验真正持久的财富？生活在痛苦状态还是美妙状态，完全是你自己的选择。你有能力成为一个快乐的人，让你的内心充满感激，不管怎样都感到快乐。最重要的是，你身上散发出来的快乐会影响你身边的每一个人。

如果你准备破釜沉舟，占领生活之岛，我建议你用书面形式做好记录，阐明你决定生活在美妙状态，以及为什么要这样做。然后把这些记录下的内容寄给三个你尊敬的人，并告诉他们：如果他们看到你陷入痛苦状态，请（委婉地）提醒你。你也可以把记录内容通过邮箱endsufferingnow@tonyrobbins.com 发给我。我十分愿意聆听你的这一决定、做出这一决定的原因以及该决定是如何使你的生活丰富多彩的。

用书面形式记录你的决定可以使它具体化，也有助于你坚持到底，因为你已经公开承诺自己要这样做。更难得的是，你很可能会激励收信人，他们也会效仿你做出努力生活在美妙状态之中的承诺。

每个人都应有梦想。我的梦想很简单：我希望每一天都能生活在美妙状态之中——当我偏离轨道，我会立即调整自己。这将使我能够给别人和我所爱的人的生活带来更多美好的事物。我希望你能加入我的行列，因为我想告诉你的是：生活在美妙状态之中是生活最大的奖赏，是名副其实的头彩，是人生的终极财富。这比成为百万富翁或亿万富翁更难得，也更伟大。如果你能学会乘坐人生的过山车，享受人生的起起落落，那么你就能彻底地做到荣辱不惊、坦然笃定。

生活的秘诀是给予

我在这一章的开头谈到了真正的财富。那么，在即将读完本书的此时，你明白真正的财富是什么了吗？如何才能每天都切实体验它？在采访第一个成为亿万富翁的投资大师约翰·邓普顿爵士时，我问他："财富的秘诀是什么？"他回答："托尼，你传授的就是财富的秘诀。"我笑着说："我教了很多东西，您指的是什么？"

他脸上露出灿烂的笑容，回答道："我指的是感恩！你知道，托尼，我们都遇到过这样一些人。他们身价过亿，却活得很痛苦，所以他们才是一贫如洗。我们也都认识这样一些人。他们似乎一无所有，却感激生命的气息，感恩一切，所以他们才是富可敌国。”

我们内心都知道，使我们富有的不是金钱。我相信你已经发现，最大的财富从来都与金钱无关。真正的财富是那些感恩的时刻——我们欣赏到生活的完美和美妙，感受到内心那种永恒的、不可战胜的力量，那是我们的精神核心。真正的财富是我们与家人和朋友之间的温情关系，是找到有意义的工作，是学习和成长的能力，是分享和服务的能力。

对于我来说，真正的财富也是帮助人们突破极限，看到他们兴高采烈的样子所带来的快乐，因为你让他们明白了自己是谁以及自己能够达成的目标。真正的财富是很高兴看到他们的生活不再是一场战斗，而是一场庆典。这是一种奇妙的感觉，但我的做法略有不同。我在唤醒人们神奇而独特能力的过程中发挥了一定作用。我认同自己经历的一切，认为这一切不仅对我有利，而且对别人也有利，即便是我经历过的最深刻的痛苦也会带来美好的东西。事实上，没有什么比让你的生活拥有超越自身意义更珍贵的礼物了。

这是改变人生游戏规则的终极手段。找些事做，找到你非常感兴趣的事业，超越自我，这会让你拥有真正的财富。没有什么比帮助别人能让我们更富有。

人们常说等他们富裕了就会给予别人帮助。但事实上，即使你拥有的很少，也可以开始帮助别人。一个不愿意从一美元中捐出10美分的人，永远不会从100万美元中捐出10万美元。无论你拥有多少财产，你都可以立即开始帮助他人。我可以向你保证你将获得无与伦比的幸福。这种从匮乏到富足的心理转变会让你变得富有，带给你美妙的自由。在做出这个转变的过程中，你是在训练自己的大脑，让它意识到你有更多的东西可以给予、欣赏和关爱。记住，这种东西不仅仅是你可以捐赠的钱财，也包括你可以付出的时间、能力、关爱、同情和爱心。

我每天都在为我所遇见的所有人祈祷。如果你把本书中的工具和原则作为你生活的核心部分，那你能够得到的和给予的会超出你的想象。当你得到和付出的事物如此之多的时候，你会感到真正的幸福——你也会逐渐成为别人生活中的祝福化身。这就是拥有真正的财富的感觉。

我很感激你花时间读完本书，真诚希望本书的内容对你的财务自由之路有所帮助。也许有一天我们会相遇，届时希望我能有幸听到你关于这本书是如何帮助你加速打造你所渴望和应得生活的故事。

每当你需要提醒自己究竟是谁以及能够创造什么的时候，请再翻开此书。记住，你不仅仅是当下的你，你不仅仅是在创造财富。你面临的不仅仅是眼下的挑战。你凝天地之精华，聚宇宙之灵气，堪称万物之灵，你是真正不可动摇的笃定从容之人。

致　谢

在回顾这40多年的工作时，我看到了许多非凡人物的面孔。在此，我要对那些接触过这一特别项目的人表示深深的感谢。

首先当然要感谢我的家人。自始至终都要感谢我的妻子邦妮·珀尔——你就是我的天使，我爱你。感谢上帝赐予我们的爱和生命。感谢我的所有家人，我爱你们。

感谢我的朋友彼得·默劳克，我永远感激你我在洛杉矶进行的那次决定命运的畅谈。恐怕再也找不到比你更聪明、更诚实、更真诚的生意伙伴了。谢谢你！

感谢乔希再次和我一起踏上这段旅程。我很享受我们在一起的充满创意与欢笑的每一刻。我为我们的合作感到骄傲。感谢阿贾伊·古普塔和整个创意财富公司团队，感谢汤姆·兹盖纳。

感谢罗宾斯国际研究中心的核心团队成员——萨姆、约格什、斯科蒂、莎莉、布鲁克、里奇、杰伊、凯蒂、贾斯汀，以及所有其他忠心耿耿、兢兢业业的工作人员，我每天都为你们祝福。感谢夸库、布列塔尼和迈克尔。如果没有我的得力助手玛丽·布赫海特和充满奇思妙想的创作团队，尤其是蒂亚娜·阿德科克，我不可能完成本书。我爱你们。谢谢你们，女士们！

感谢詹妮弗·康纳利、简·米勒、拉里·休斯，谢谢你们。感谢圣地亚哥总部的全体人员以及托尼·罗宾斯公司的所有合伙人，感谢你们在生活各个领域所取得的突破。

我与四位杰出男士的深厚友谊深深影响了我的生活。我要感谢我的人生榜样彼得·古伯、马克·贝尼奥夫、保罗·都铎·琼斯和史蒂夫·韦恩，感谢你们的深情厚谊，感谢你们如此才华横溢、标新立异、无可挑剔。能与你们结交三生有幸。和你们在一起的每一天都能让我更上一层楼。

通过出席世界各地的活动，我每年都有机会遇到成千上万出类拔萃之士，他们对我的生活产生了深刻影响。但这本书的核心内容，以及之前那本《钱》完全是在50多位杰出人士的帮助下完成的，他们的见解和策略对我和所有读过这两本书的人都产生了巨大影响。我对那些在采访过程中不吝时间、不吝赐教的人致以最深切的感谢、敬意和钦佩，永志难忘。感谢瑞·达利欧、约翰·博格、斯蒂夫·福布斯、艾伦·格林斯潘、玛丽·卡拉汉·欧朵思、约翰·保尔森、哈里·马科维茨和霍华德·马克斯：你们的智慧举世无双，你们的才能催我上进，我很荣幸能向你们每一个人学习。谢谢你们！

我还要感谢T.布恩·皮肯斯、凯尔·巴斯、查尔斯·施瓦布、约翰·邓普顿爵士、卡尔·伊坎、罗伯特·席勒、丹·艾瑞里、伯顿·麦基尔、艾丽西亚·芒内尔、特蕾莎·吉拉杜奇、杰夫雷·布朗、戴维·巴贝尔、拉里·萨默斯、戴维·斯文森、马克·法伯尔、沃伦·巴菲特和乔治·W.布什。感谢所有那些接受采访或拨冗参加我的“白金合伙财富大师”活动的人，感谢那些多年来分享自己深刻见解的诸多榜样级人物，是你们所有人在激励着我，你们的思想以各种方式体现在书中。

再次感谢西蒙与舒斯特出版公司的所有合作伙伴，他们是乔纳森·卡普和本·勒嫩；感谢威廉·格林的智慧和英国式的幽默，最重要的是，感谢你加入我们的这一项目，感谢你用心斟酌本书的每一个字和每一个标点符号。也感谢辛迪·迪蒂伯里奥为这份手稿付出的努力。

当然，这本书的使命不仅仅是为读者服务。因此，我要向安东尼·罗宾斯基金会的每一个人以及我们的战略合作伙伴，即“赈饥美国”慈善组织的丹·内斯比特表达最深切的感谢，感谢他们帮助我们协调这一前所未有的工作，为我们挨饿的邻居提供食物。我最初捐赠了1亿份膳食，而今所有的工作人员都在不知疲倦地努力工作，并筹得了能够在未来8年内确保提供10亿份膳食的资金。

感谢上帝之恩，感谢上天对整个过程的引导。感谢我人生道路上遇到的所有朋友和老师，由于人数太多恕我无法一一提及。他们中有一些人名扬四海，也有一些人默默无闻，但他们的洞察力、策略、榜样、爱和关怀都是我有幸得以站在上面的巨人肩膀。在今天这个特殊的日子里，我要感谢你们所有人，我将继续努力，永不松懈，让每一天都成为我有幸遇见、热爱和服务的所有人生命中的一份祝福。

附　录

成功备忘录：

巩固你的王国——如何保护你的资产、创造财富、防范未知风险

善守者，敌不知其所攻。

——**《孙子兵法》**

祝贺你和我们一起踏上这段旅程。我希望在读完本书之后，你会更加胸有成竹，更加博学多才，并且更有能力实现财务自由。正如你现在所明白的，这本书更意味着一种生活方式，可以渗透到你生活的方方面面。归根结底，它意味着自由和平静心态。

然而事实上，没有人能绝对控制未来，其间可能会出现各种各样的未知因素，妨碍你享受自己辛辛苦苦积累起来的财富。

- 你如果因为意外的疾病或身体不适而无法工作，怎么办？
- 你如果摊上了官司，自己所有的血汗钱都处于危险之中，怎么办？
- 你如果面临离婚的残酷现实，你的钱该怎么办？
- 人终有一死，此时你的遗产该怎么办？

还记得我们说过失败者的反应和成功者的预测吗？未雨绸缪、先发制人的作用是巨大的。最后这部分内容是关于未雨绸缪的——其中既包括你知道会发生的事情，也包括你祈祷不要发生的事情。我十分清楚，坐下来讨论不可能发生的事情或者为某人最终离世制订计划，并不是一件十分有趣的事情。然而，一旦你全力以赴地保护自己的财富，那么你就会感到格外放松，心态也会趋于平静。没有什么能比知道你和你爱的人永远不必担心外部事件威胁自己的生活质量更让人淡定从容的了。

还记得瑞·达利欧有关未知风险的精辟论述吗？这一部分也能让你做到这一点。出于与分散投资组合相同的原因，这份备忘录中的内容能够让你做好应对潜伏在角落里的所有未知风险的准备。此外，你甚至会发现更多节省税款的方法。

你要把真正的财富管理看作建设自己个人的金融王国，其核心是你的投资组合，但你必须巩固王国内外的所有区域，防止你的财富被不必要的税收、昂贵的诉讼或政府干预破坏或侵蚀。最终，你希望自己的继承人能在你死后得到你希望他们得到的资产，或者希望能够为你选择的事业留下一笔遗产，影响他人，献身慈善。

我们将尽量把这部分内容写得简短一些，这算不上完整的一章，只是用作指南或备忘录。事实上，你可以和你的律师与财务顾问一起使用四份不同的备忘录，它们分别涉及健康、财富、保险和慈善捐赠。

> 亲爱的朋友们，我们今天聚集在这里，欢度这段被叫作生命的时光。
>
> ——音乐家普林斯《让我们一起疯狂》

2016年，全世界数以百万计的歌迷为我们所熟知的偶像普林斯的意外离世而哀悼——他是我最喜欢的艺术家之一。《纽约时报》报道，普林斯去世时年仅57岁，没有留下遗嘱，没有制订遗产计划，也没有采取任何必要措施保护自己大约3亿美元的遗产。现在，他的财产将不再归家人所有，将被法庭扣押数年，政府将得到1.2亿美元的资产，这是他全部财产的40%——这一切都是由于他没有提前制订计划。

虽然紫色可能不是你最喜欢的颜色，你也不可能赢得七项格莱美奖，但教训是显而易见的：不管我们是否意识到，如果我们没有提前计划，那么我们就是在计划失败。

现在，为了让你熟悉备忘录中的内容，并确保你能够避免过去伤害了很多人的那些失误，下面我把这部分的写作任务交给我的合作伙伴彼得·默劳克，因为正如你已经知道的，《巴隆周刊》和美国全国广播公司财经频道（CNBC）评价他是美国顶尖的金融顾问和遗产规划师。在接下来的内容中，他将免费为你提供建议，这些建议与他为自己的客户提供的完全一致，所以千万不要错过任何细节。然后带着本书去见你的投资顾问，为你的投资活动保驾护航吧。

同彼得·默劳克一起转移和保护你的财富

请你坚持读完本书。在你用我以前听过的众多借口之一放下本书之前，让我直接把这些借口说出来："我没有那么多财产，所以立遗嘱并不重要。"

如果不重要，那么你为什么要工作？为什么要投资？为什么要精打细算？立遗嘱当然很重要，只是你可能已经把它推迟了，因为这件事看起来似乎很麻烦。但其实它做起来并不费劲，而且你的家人应该得到保护，不是吗？

"我还年轻，遗嘱这种东西对我来说无关紧要。"

如果你有自己关心的人，比如母亲、父亲、祖父、婶婶或叔叔，而他们没有花时间为自己和家人采取保护措施，那这一点就与你有关系了。

"我有很多资产，所以做起来会很麻烦。"

如果你认为现在制订遗产计划会很麻烦，想一下，如果你突然失去行动能力或死亡，你所爱的人会遭遇什么。很抱歉我的直言不讳，但我必须在此向你阐明这个道理。你如果有大量资产，就应该立即开始进行遗产规划，不要再浪费时间了。没有人知道我们还剩多少时间，拖延下去可能会带来灾难性后果。

“我的个人情况很复杂。”

如果你认为你的情况很复杂,（例如，多次婚姻、多个孩子，有五个前配偶，等等），因而难以做出决定，想象一下让你的遗产通过遗嘱认证会处理是什么样子。遗嘱认证法庭的工作效率和效力就像履行其他官方手续一样，它会在你没有参与的情况下替你做出所有这些艰难的决定。（我希望你能理解我的讽刺。）

“我甚至不知道什么是遗嘱认证，我为什么要在乎？我会烦死的。”

遗嘱认证，是法庭用来确认遗嘱有效性（如果有遗嘱的话）并确认遗嘱执行人的过程。如果没有遗嘱，法院会自行指定一名管理人员处理遗嘱认证所需的事务。

熟悉的魔鬼比不熟悉的魔鬼要好……

所以，我们必须承认，逃避事实所带来的负面影响，要比与你的财务顾问或律师会面所带来的一次性麻烦带来的更大。在接下来的四份备忘录中，我们将要谈谈能够在你生病时保护你的措施；我们会讨论你的遗产计划或遗嘱；我们会讨论在你活着的时候用什么方式保护你的资产；最后，我们会讨论如何创造一份丰厚的遗产。

这些备忘录中的项目是供你和自己选择的投资顾问一起使用的。如果你身边没有财务顾问、税务专家、保险专家和律师，或者你只是想听听别人的意见，那么你一定要记住，在创意财富公司，我们把这些领域的内容都纳入了家庭理财的服务内容中。如果你有任何问题或想要得到我们的指导，请随时通过 www.getasecondopinion.com 联系我们。

备忘录1：获取能力

如果我没有行为能力，我真的不在乎谁来为我做医疗决定，也不在乎谁来处理我的财务问题。如果必须做出选择，我认为政府是为我做这一切的最佳选择。

——从来没有人说过这句话

我有一位 53 岁的客户，她尽管看上去身体很健康，但突然一下子变得毫无反应能力。家人立马将她送去了医院，她很快就确诊得了脑瘤。由于她没有设立委托书，因此她的丈夫无法进入她的任何账户，无法启动她的残疾福利。此后不久她就去世了，再也没有恢复知觉，家人很快得知她还没有立遗嘱，因而她的遗产只能进行遗嘱认证。

这份备忘录上的三个项目本可以通过一些简单的决定得到解决，并不复杂。任何一位合格的律师都能迅速处理好这些核心要素，而这些文件本来也可以保护我这位客户的家庭。为了保护你和你的家人，你必须依照下面的方法来做。

医疗保健持久授权书（医疗保健委托书）

如果你或你的配偶突然丧失行为能力，不能自己做任何决定怎么办？如果发生这种情况，谁来决定你的医疗护理？这是你现在应该考虑的事情——当然是在你有行为能力的时候。如果你的配偶在世，他或她可能是你的第一选择。一定要考虑你所选择的这个人的本性。（如果你投了很多人寿保险，你可能不想把权力授予那个能靠拔掉你的氧气管而受益的人！）好吧，不开玩笑了。你需要一个自己非常信任的人，此人可以做出所有决定，包括如前所述的是否移除维持生命的设备，或者是否更换医生，或者是否将你转院治疗。这些决定的确会带来生死攸关的后果，因此一定要做一个明智的决定，并且现在就把它写下来。

持久财务委托书

也许你相信自己的家人会帮你做出医疗保健方面的决定，但是你要知道，理财对于他们来说是一个难题。就像你可能需要一个人来处理医疗决定一样，你也需要一个你信任的人来处理你的财务问题。这包括支付普通账单，如抵押贷款、签署法律文件，甚至代表你与其他实体（电话公司或健康保险公司等）打交道。

如果你在没有这份委托文件的情况下丧失行为能力，那你的配偶、亲戚或朋友可能必须到法官那里去获得处理财务事务的权力。①

没有人愿意在已经很困难的情况下再经历这些困难，所以现在就处理好这件事，这样你就能知道自己会得到很好的照顾，你的家人也会在已经很艰难的时期减轻一些压力。

① 如果你的生活中没有这样的人，许多银行都有受托人，他们可以处理这些事务，只收取少量费用。

生前遗嘱（也被称为声明、给医生的指示或医疗指示）

如果你不愿意把自己的健康决定权交给任何人，你可以立一份生前遗嘱，告诉医生，如果你自己无法表达这些意愿，你希望得到或拒绝哪些医疗程序。同样，这也减轻了你所爱的人的压力，因为你的意愿已经用书面形式表述得很清楚了。

备忘录2：遗产规划

生活中最好的事物是免费的

但是你可以把它们留给鸟和蜜蜂

现在给我钱（这就是我想要的）

——词作家 巴瑞特·史特隆《钱（这就是我想要的）》

大多数人在谈到遗产规划时通常想到的只是简单地起草一份遗嘱。但遗产规划的意义远不止你死后谁能得到什么。今天你可以做很多不同的事情来帮助你减少应纳税所得额，提高税收效率。以下是四个核心要素。

立遗嘱。起草遗嘱是所有遗产规划的第一步，你必须做出四个关键决定：

- 谁是受益人？换句话说，谁得到什么？
- 如果你去世时有未满 18 岁的子女，谁将是你子女的监护人？如果遗嘱中没有明确规定，法院将决定谁将抚养你的孩子。我再说一遍。法院将决定谁来抚养你的孩子！这还没引起你的重视吗？[①]

- 谁将是遗嘱的执行人？这个人将负责确保你在遗嘱中提出的要求能够得到满足。如果你的遗产必须通过遗嘱认证程序，那么他将负责处理遗嘱认证事宜。(参见随后的内容，弄清楚为什么不管有多少钱，每个人都应该避免进行遗嘱认证。)
- 你是希望你的资产直接给予接受者还是拨付给代表他们成立的信托机构（遗嘱信托机构）？例如，假设一对夫妇有 40 万美元的资产，他们去世时这些资产将平均分给他们的两个孩子。两个孩子目前分别是 19 岁和 20 岁。如果这两位父母今天双双去世，孩子们每人将得到一张不加任何限制的 20 万美元的支票。在你 19 岁或 20 岁的时候，如果你有 20 万美元，你会怎么做？[②]然而，父母可以在他们的遗嘱中规定遗嘱信托的条款，允许他们的子女在 30 岁之前获得健康和教育方面的本金和收入，到 30 岁时，信托的余额将拨付给他们。[③]遗嘱还将指定遗嘱受托人，即你需要选择某人或某家公司根据你的遗嘱信托条款持有、投资和分配这些钱。

① 有时候，法院可能选择的人（你的父母或兄弟姐妹）不一定是你想选择的监护人。这一点很重要。想想你的家人，甚至是你最亲密的朋友，他们中哪位会以你希望的方式抚养你的孩子。在这场悲剧之后，什么事物能给你的孩子们带来最大的平静？和你的配偶讨论一下这个问题，确定你想要选择谁，然后同他们郑重其事地谈一谈，要求把他们列为监护人。

② 如果你现在 19 岁或 20 岁，手里有 20 万美元，我能否建议你重温一下这本书有关投资的章节？

③ 我确信 30 岁是全新的 21 岁。

什么是遗嘱认证？为何必须不惜任何代价地避免进行遗嘱认证？

遗嘱认证的主要目的是让你的债权人有时间追讨你所欠他们的款项，而你的遗嘱执行人也有时间追讨别人所欠你的款项。遗嘱认证包括税款和债务支付，以及分配法庭监督下的财产。遗嘱认证的缺点是什么？

- 资产失控。在遗嘱认证过程中，你的受益人不能出售你的资产；遗嘱执行人只有在得到法院许可的情况下才能出售资产。
- 耗时过长。遗嘱认证过程至少需要6个月，但通常至少持续一年。如果事情因遗嘱争议（遗嘱的效力受到质疑）、生意问题或其他不寻常的事情而变得复杂，则可能需要更长的时间。①
- 费用过高。有些遗产的遗嘱认证费用可能高达数万甚至数十万美元。
- 暴露隐私。遗嘱认证需要公开记录，这意味着任何人都可以接触到你的个人财务事务。对于许多人来说，一想到自己最私密的信息被公开，就会感到相当恐惧。你可能认为没有人会对你的事情感兴趣；然而，有些人真的会“利用”遗嘱认证记录，寻找那些将要继承大笔遗产的人，以便想方设法地从中渔利。

信托。简单介绍一下信托：人们通常认为信托只属于洛克菲勒家族和其他大富大贵之人，或者认为其是你为孩子们设立的在你去世而他们还年轻时可以得到的东西。但我认为，信托也应该成为资产规模较小的人的遗产规划的核心内容。设立信托基金不需要你拥有太多资产，也并

① 根据你所处的状态，这个过程可能会有很大的不同。

不复杂。

我们所有人都有一项重要的责任，就是确保无论我们积累了多少财富，我们的家庭都能从中受益，而且不会陷入会榨取我们继承人应得的遗产的法律程序。信托就是用于实现这一目的的一个重要工具。继续往下读，看看如何利用它们来谋取利益。但首先我们来看一下纳税规划。

遗产纳税规划。正如我们在第六章中所讨论的 4 个核心原则所显示的，你赚了多少钱并不重要，重要的是你能留下多少钱。在你活着的时候，税收效率是你实现财务自由的关键，但你也必须考虑你死后要缴纳哪些税。

对于大多数人来说，遗产税不是他们关心的问题，也永远不会成为一个问题。为什么？美国国税局允许你在有生之年或死后免费赠给后人 545 万美元。这就是所谓的终身免税。大家可以把它想象为一次性优惠券。[①] 已婚夫妇可以把他们的终身免税额加在一起，因而只有当他们二人的总净资产超过 1 090 万美元时才需要缴纳遗产税。

如果你是一个富人，去世时留下的遗产超过了 545 万美元，那你将支付 40% 的遗产税。够多的了吧！我希望你能同意我的看法：有必要在你去世之前想办法把你的一部分财富传给自己的子女，这样就可以减少要缴纳的税款。

那么，你该怎么做呢？美国国税局允许你每年向自己选定的任何人赠予 14 000 美元，这一数额不计入终身免税限额，被称为“年度免税额”。超过 14 000 美元的部分按 40% 的赠品税率征税。这意味着，你可

① 注意：法律有可能改变，因为这是一个政治上的烫手山芋。

以每年向你所有的朋友和家人每人赠予 14 000 美元，但在你死后，你仍然可以赠予 545 万美元无须支付任何赠品税或遗产税的遗产。这些加起来数量相当可观。（当然这取决于你有多少亲友！）

下面这些策略就是关于如何将财富赠予他人，同时无须向政府缴纳巨额税款的：

- 帮助你的孩子或孙子支付大学教育费用（并获得减税）。大多数人都没有意识到，你可以用你每年捐出的 14 000 美元中的部分资金资助你的孩子或孙子孙女们完成 529 学费储蓄计划。你甚至可以因此获得州所得税减免。如果孩子已经上了大学，学费可以直接支付给学校。
- 不要等到死后再把财富传给下一代，你可以每年直接向你的每个家庭成员赠予 14 000 美元，而无须交税。假设你的孩子已经长大结婚，你和你的配偶每人每年可以给你的孩子 14 000 美元，每年总计 28 000 美元。你也可以给你的女婿或儿媳每人每年 14 000 美元，这就是 28 000 美元。这意味着一对夫妇每年可以给另一对夫妇 5.6 万美元，并且不需要交纳赠品税，也不会减少你的终身免税额度。如此，他们今天就可以得到好处，而你也可以在活着的时候就与孩子们共享天伦之乐。
- 支付医疗费用。你可以支付朋友或家人的医疗费用，这些费用不会计入你每年的馈赠限额，只要这些钱直接支付给医疗机构就可以了。这意味着什么？如果你的孙辈需要做紧急阑尾切除手术（需花费 2 万美元），你可以支付这些费用，并且还可以在同一年额外给他或她 1.4 万美元，而无须交纳 40% 的赠品税。

- 慈善捐赠。你捐给慈善机构的每一分钱也不计入遗产税限额。既然你可以把钱送给别人，为什么要交给政府？这就是世界上包括比尔·盖茨和沃伦·巴菲特在内的富豪们的做法。我们将在备忘录 4 中对此进行更深入的讨论。

可撤销生前信托。当你开始积累财富时，请立马着手建立一个生前信托，不要等待。每个人都需要这样一个信托。为什么？因为信托中的所有资产都避免了复杂的官方遗嘱认证程序。

可撤销生前信托是一种简单合法的资产持有（信托部分）方法。由于这种信托是在你的活着的时候建立起来的，所以它是一种生前信任。而且因为信托的目的是让你能够随时终止协议，所以它是可以撤销的。因此，尽管这个名字看起来令人困惑，但可撤销的生前信托的意思就是“这是一种合法手段，用来持有你的资产，你可以在活着的时候随时终止它”。你将被指定为受托人（或资产负责人），因此你可以对信托中的资产做出任何你想要的决定。在你丧失行为能力，或去世后，你所指定的继承受托人会替你接管信托的管理工作。这不会涉及任何遗嘱认证方面的问题。

想法多如牛毛，但关键是要实现。

——约翰·博格

用不可撤销信托保护你的资产。世界上一些最富有的家族都深知，任何一位杰出的资产保护专家都会告诉你：保护资产的秘诀是放弃一切，控制一切。这可以通过不可撤销信托来实现。它被认为是一个独立的法人实体，所以当你去世时，其中的资产不需要缴纳遗产税[①] 没错，你的家人会保住那 40% 的税款，而不是眼看着它被政府没收。此外，如果信托成立得当，在你活着的时候，其中的资产就可以受到保护，不受债权人、离婚、法律判决和其他风险的影响，因此它的另一个名字是资产保护信托。[②] 那么，利用不可撤销信托为你谋利的最好方法是什么？[③]

- 每年捐赠。正如你在前几页了解到的，你可以每年赠送某个人 14 000 美元，而无须缴税。与其每年直接赠予受益人，不如把这笔钱放在一个不可撤销的信托基金里，这样你的受益人就可以成为信托基金的受益人。如果受益人太年轻，不会管理钱财，或如果情况特殊，你想设定一定的标准，以确保当事人必须达到这一标准才能得到这笔钱，比如生活态度严谨、考上大学，或者有一份全职工作，那么此时设立信托基金更为有效。
- 持有人寿保险。使用不可撤销信托保障人寿保险的做法已经变得十分普遍，以至于这类信托有了自己的首字母缩略词 ILIT，它代表的是“不可撤销的人寿保险信托”。大多数人都知道人寿保险的收益不需要缴纳所得税；但这些收益是否要缴纳遗产税（令人讨厌的

① 假设你在去世前三年就建立并资助了这个信托基金。
② 资产保护信托的缺点是什么？正如它的名字所示，它是不可撤销的。一旦信托成立并获得资金，那么严格来说它就超出了你的控制。事实上，你将指定一个受托人来决定如何管理和分配这些资金。但是，如果有必要，你也可以免去受托人。此外，你还可以聘请一家专业的、有担保的信托公司来为你做这件事。
③ 不可撤销信托也可以作为其他更复杂的计划策略的一部分，比如先进的资产保护计划，为有特殊需要的家庭成员提供支持，医疗救助计划，慈善捐赠计划，商业销售计划等等。

40%）却不为很多人所知。然而，如果保单被一个不可撤销的信托机构所持有，你就可以同时避免缴纳收入所得税和遗产税，否则的话你就将面临双重打击。它是这样运作的：你每年拿出 14 000 美元赠予他人（如果你想赠予更多的话，可以赠予每个孩子、每个孙辈 14 000 美元），将这些钱投到一个不可撤销信托基金中为人寿保险提供资金，这样你的孩子或孙子就可以获得人寿保险赔付，并且完全无须缴税。

- 拥有超高资本净值的富豪们现在就可以使用终身免税额度。今天，把你应税遗产限额 545 万美元的部分或全部资金（如果你结婚了，最高限额是 1 090 万美元）送出去是一个很好的办法，尤其是通过不可撤销信托基金（用于资产和税收保护）赠予家庭成员。为什么今天有人想捐那么多钱？假设你现在拥有价值 500 万美元的资产，你希望这些资产在你的有生之年大幅增值，例如，购买某家公司的股票或一块未开发的土地。今天把资产交给信托机构，你就不用为转移支付任何税，因为这是在你的终身免税额度之下。几十年后当你去世时，这些资产的价值可能大涨。如果原先价值 500 万美元的土地现在价值 2 000 万美元，那么这 2 000 万美元将全部转让给信托受益人，而无须缴纳税款。

备忘录3：保险

> 每个人都有自己的计划，直到他们在现实中碰壁。
>
> ——迈克·泰森

许多可能让你陷入财务困境的情况都可以通过保险来解决。没错，就像你投保车险一样，因为你不希望因为一次小事故而损失数千美元。或者就像你投保重大疾病医疗险一样，因为你不希望医院账单让自己破产。如果运用得当，其他类型的保险都具有这样奇妙的作用。当然，我也注意到，没有人喜欢买保险，除非到了需要的时候。你做的一切可能都很正确——聘请受托人，降低费用和税收，组建超棒的投资组合——但是如果你没有准备好应对灾难性的损失，那你的努力可能在一眨眼的时间全都付之东流。

所以让我们保护自己，好吗？

对死亡的恐惧源于对生命的恐惧，生活充实者随时可以赴死。

——马克·吐温

人寿保险。如果你给自己的手机买了保险，但没有为自己买保险，那我们就需要好好谈谈了。我不是在开玩笑，因为人寿保险是保护你的财富和家庭的一个重要措施。我曾见过一些相当悲惨的情况：一些有钱人没有购买人寿保险（或没有购买足够多的人寿保险），结果当收入枯竭、花费增加时，家里人很快就没钱花了。所以，即使你有人寿保险，我们也要分析一下不同类型的保险，确保你持有的保单是合理的。

- 定期寿险。定期寿险是最适合绝大多数美国人的一款人寿保险。然而，保险代理人通常不会推荐定期保险，因为销售定期保险的佣金最低。[1] 有了定期保险单，你就可以在一段特定的时间内（通常是10年、15年、20年、30年）为自己投保。在这一期限结束时，保单就终止了，你也不再拥有保险。许多保险代理人将此作为你不应该购买定期保险的理由：因为你的投资可能永远得不到回报。我发现这是相当愚蠢的观点。这就好比说，我应该为自己有了房产保险而感到失望，因为我的房子并没有被烧毁！但如果你想保护自己的家庭，以防在你获得财务自由之前发生什么意外，定期保险还是有用的。你需要多久的保险期取决于你距离实现自己的财务目标有多远。保险代理人或财务顾问可以帮助你确定具体时长。

- 终身寿险。顾名思义，你将永久持有这种保险。因此，保费相当昂贵，因为保险公司随时都有可能为客户支付死亡保险金。什么时候购买终身寿险是个不错的主意呢？正如我们在上一节所讨论的，你可以将终身寿险作为自己遗产规划的一部分，通过创建一个不可撤销人寿保险信托实现遗产最大化和税款最小化。你也可以购买“最后生存者寿险”(也被称为“第二生命寿险”)。这是一项单一的保单，涉及配偶或家庭成员的寿命。只有当两个被保险人都过世后，保险才会支付。因为投保的是两个人的生命，所以死亡保险金比只对一个人投保的保单要高。[2] 记住，如果将遗产转成不可撤销的信托形式，那么所得收益将免缴所得税和遗产税。
- 变额寿险。这是一种终身寿险，但是现金需要被再投资于一些类似

① 还记得我们讲经纪人的那一章吗？我可以写一整本书来讲述保险行业如何试图利用这种优势赚钱。好吧，不要跑题了……

② 你购买这种保险是为了使一对夫妇每年可以免税赠予的价值最大化，从而为该保险的保费提供资金。有了这些保费，你通常会购买尽可能多的死亡保险，以实现收益最大化。

于公募基金的“子账户”之中。大家需要小心这些方面，因为这些准投资手段会因费用、巨额佣金和积极管理型基金而陷入泥沼之中。如果你想退保，他们还会收取很高的退保费。唯一的例外是一种为超级富豪服务的被称为私募人寿保险的工具。这种保险不收取佣金，没有退保费，也没有投资限制。你可能没有听说过它，这是因为人寿保险代理人卖它赚不到一分钱（所以它通常是由老到的律师帮助规划的）。也就是说，私募人寿保险通常需要 100 万美元以上的存款，所以它其实是富豪们的一种投资工具。

你到底需要多少保额的寿险?

决定你需要多少保额的人寿保险应该是制订你的财务计划的一个组成部分，并且需要你和自己的财务顾问一起决定。有许多常见的方法可以用来估计一个人需要多少保额的人寿保险，但其中大多数都没有意义。例如，一个流行的经验法则是，你应该购买相当于自己收入 5 倍的人寿保险。但细想一下，如果你每年收入 10 万美元，但手里却有 500 万美元，你可能并不需要保险，家人也会过得很好。如果你刚从医学院毕业，负债 25 万美元，又买了 70 万美元的房子，还有 3 个孩子，那么 5 倍收入的保额可能远远不够。显然，确定你需要购买多少保额寿险的最好方法是根据你的具体情况来确定。

随着年龄的增长，当你达到一定的目标，或当你树立新目标时，你需要重新评估寿险数额。例如，一旦你的孩子读完大学，或者你的抵押贷款还清了，你就不需要再为这些因素购买保险了，但是你可能需要为退休存钱。此时，再次体现出了你的财务顾问的重要价值。

> 时间和健康是两种宝贵的资产，但只有当二者被耗尽时，我们才会懂得它们的价值。
>
> ——演说家、作家兼顾问 丹尼斯·维特利

伤残保险。你认为自己最重要的资产是什么？许多人认为是他们的房子，或者也可能是他们的退休账户。然而，对大多数人来说，最重要的资产是你赚钱的能力。实现财务安全和财务自由的目标通常取决于你源源不断赚钱的能力，这种能力可以助你积攒足够的钱，积少成多，得到一笔可观的储蓄。不过，伤残可能会严重破坏你打拼出来的一切。

雇主通常会为雇员提供短期和长期的伤残保险，所以在与保险专家见面之前，最好先了解一下雇主为你提供的保险。

“我们已经尽力了，约翰逊先生。
遗憾的是，我们对低劣保险无能为力。”

年满65岁的老人中，40%的人将在有生之年住进养老院。

——晨星评级公司

长期护理保险：支付辅助生活费用。没有人愿意想象自己变老的样子，我明白这一点。但除非你是能够返老还童的本杰明·巴顿，否则你必须确保如果有一天你需要长期护理，你手里一定持有必要的保险。《纽约时报》报道："大约 70% 65 岁以上老人在去世前需要某种形式的长期护理，但是只有 20% 的人有长期护理保险。因而，数以百万计最终需要长期护理的人只能自掏腰包。"

如果你足够幸运，拥有一个价值数百万美元的投资组合，那么这个结构合理的投资组合将为你提供所需的资金。然而，全美养老院的费用各不相同，从艾奥瓦州得梅因市的每年 67 525 美元到纽约市每年的 168 630 美元不等。考虑到 50 岁以上人口中只有 44% 的人拥有超过 10 万美元的流动资产，因而大多数进入养老院的人在几年内破产也就不足为奇了。

我们如何防止发生这种情况？你需要为自己或你爱的人购买一份长期护理保单。例如，可以为 65 岁的人购买一份日保额为 200 美元、年保额为 72 800 美元、有效期最长为 3 年的保单，其年保费仅为 5 000 美元。然而，如果你迟迟不抓紧时间办理，这种保险就会变得成本高昂，而且大多数保险公司不会为 84 岁以上的人投保。长期护理保险通常包括家庭护理、辅助生活、成人日托、临终关怀、养老院和阿尔茨海默病的治疗等。45 岁以下的人可以购买此类保单，每月只需支付 100 美元。

房主保险。我们的房子是我们最大的资产之一，因此一定要确保我们免受火灾、龙卷风、地震或洪水等我们无法控制的事情的伤害。房主保险在保单范围内为你承担房屋损坏的费用，从而保护你。（这是关键，因为我们通常不完全理解这些保单的限制和条件，因而会发现自己被迫担负一些从未想过要支付的账单。）

和其他所有保险一样，第一步应该是确定你到底需要购买多少保额。这要求你评估自己房子的重置价值，该价值可能不同于你房子的售价。住宅保险范围应该与用相同或类似的材料从头开始重建房屋的成本相匹配。在美国的一些地区，材料成本持续上涨，而房地产价格却保持在同一水平，因此一定要了解当前的建筑成本是多少，从而准确计算住宅保险赔付数额。然而，需要注意的是，只有当住宅保险范围至少达到房屋重置价值的 80% 时，保险公司才会全额赔偿房屋损失。这是什么意思？假设你有一栋价值 50 万美元的房子，你的住宅保险是 35 万美元。如果住宅内水管破裂，造成 5 万美元的损失，尽管你的住宅保险远远高于损失的 5 万美元，但保险公司也只会给你寄一张 43 750 美元的支票（减去所有应当扣除的部分），而不是 5 万美元。①

许多人惊讶地发现，他们的保单并没有像他们想象的那样拥有广泛承保范围，这是因为贵重物品的保险或赔偿限制决定了赔偿的上限。因此，对于拥有较高价值住宅、出租物业或者其他价值独特的财产（游艇、老爷车，等等）的人们来说，与专业保险公司合作是必要，因为它们推销的保险产品能有效保护这些类型的资产。

① 保险公司使用的是你实际拥有的保险金额（在本例中是重置价值的 70%）与你应该拥有的保险金额（房屋重置价值的 80%）的比值：350 000/400 000=87.5%，因此他们将赔付 5 万美元的 87.5%，也就是 43 750 美元。

伞式责任保险。如果你的雨伞没有保险，暴风雨来袭时，你可能就需要换把伞了。（对不起，我只是开个玩笑。写保险方面的文章让我过于兴奋了。）伞式责任保险是一种超额责任保险，其覆盖范围超出了住宅和汽车保险的责任范围。它实际上是一项资产保护险种，涵盖了任何时间、任何情况下都可能发生的往往超乎我们想象的各种事情。我们生活在一个诉讼越来越多的社会里。如果附近谁家的孩子在你的蹦床上蹦跳时受伤了，那么这个孩子的父母可能会起诉你。我们可能会竭尽全力保护我们的财务独立，但假如我们输掉了一场事关重大的官司，那么所有这一切努力都将付诸东流。因此，对于我们许多人来说，购买伞式责任保险很有必要。在购买伞式责任保险的同时，我们也就相当于购买了为保险公司服务的律师团队，我们可以指望该团队来解决可能出现的任何责任问题。

备忘录4：留下遗产

托尼采访过的所有巨头有一个共同点：他们不仅喜欢为自己和家人赚钱，而且喜欢把钱捐出去。他们切身体会到与对他们有意义的伟大事业分享财富所带来的快乐。大家请记住，我和托尼写本书的原因之一是为了帮助养活 10 亿人。

然而，一提到捐赠，大多数人想到的是给他们最喜欢的慈善机构或事业开一张支票。但在接下来的部分，我将提出分享财富的一些最佳方法，同时提高你的税收效率。下面这些方法可以真正地将你的影响力最大化。

- 把适当的资产留给慈善机构。很多时候，人们指定自己的孩子作为个人退休金账户（IRA）的受益人，并指定将现金或其他财产遗赠给慈善机构。这并不是最好的解决方案。例如，如果你把一个价值10万美元的传统个人退休金账户留给你的孩子，把一块价值10万美元的土地留给慈善机构，你的孩子将不得不为从个人退休金账户得到的收入缴税。相反，如果你把个人退休金账户留给慈善机构，把土地留给你的孩子，慈善机构就可以把个人退休金账户兑现，而无须缴纳任何税金，而你的孩子也可以在你死后卖掉土地，无须缴税。

再举一个例子：假设某位女捐赠人持有一些她多年前买的微软公司股票。她如果卖掉股票，就必须支付巨额资本利得税。然而，如果捐出股票，那么捐赠人就可以避免缴纳资本利得税。

- 与捐赠者咨询基金会合作。捐赠者咨询基金会属于公共慈善机构，有两个主要功能。首先，它将帮助你找到那些在你感兴趣的领域做出积极改变的组织。其次，当你向捐赠者咨询基金会捐款时，它会将这些捐款存入一个独立账户，由你直接管理。这有点儿像你自己的私人慈善机构。因此，如果你向捐赠者咨询基金会捐赠25 000美元，那么首先你可以立即获得减税；然后，在你方便的时候，你可以根据自己的意愿把这些钱捐给不同的慈善机构。
- 建立私人基金会。对于拥有超高净值的富豪们来说，建立自己的私人基金会是打造代代相传的慈善遗产的绝佳方法。私人基金会是独立的慈善实体，由工作人员和董事管理基金会的业务和资产分配，协助完成使命。虽然关于私人基金会资金的使用和分配有很多规章制度，此外还有工作人员的开销，这使得基金会的运作成本相当昂贵，但是家族成员可以从他们为基金会的工作中得到薪水。

- 寻找创造性的方法来增加你的影响力。许多公司正在利用众包手段在慈善捐赠领域创造指数级的巨大影响力。例如，《巴隆周刊》（托尼是其最初投资者之一）报道，由演员爱德华·诺顿参与创办的 Crowdrise（www.crowdrise.com）目前已跻身全球前 25 位慈善机构之列。鉴于新技术和大型社交网络的发展，Crowdrise 找到了一种创造最大影响力的独特方法：在希望你捐款的慈善机构之间开展友好竞争。假设你想为清洁用水慈善事业捐赠 10 万美元，那么 Crowdrise 将与 10 个（或更多）不同的净水慈善机构进行竞争，争取你的捐款。在一个月内，相互竞争的慈善机构将通知自己捐赠网络中的成员谁在这个月筹集的钱最多，谁就能赢得这 10 万美元的资助。如果每个慈善机构平均筹集到 5 万美元（10 个慈善机构 ×5 万美元 = 50 万美元），再加上你捐赠的 10 万美元，那么募集到的总金额就是 60 万美元——比你个人捐赠的多出 50 万美元。

这是你的毕业证书！

如果你已经读到了本书这一页，那么恭喜你，你已经顺利毕业了！现在，你不仅明确了如何在积累财富的过程中变得信心坚定，而且对自己需要如何做也了然于胸，知道应该如何保护自己的家庭、减少税款，并留下捐赠的遗产。这当然可能也需要你与自己的律师、投资理财顾问和保险专家进行一番沟通。今天你阅读本书所付出的这些努力将为你和你的家人带来极其难得的平静心态。